郑新立/主编

你好！大湾区

——粤港澳大湾区高质量发展问答

人民出版社

序　言

　　风起南海，潮涌珠江。这里，是中国改革开放得风气之先的地方，是中国开放程度最高、经济活力最强的区域之一。

　　从政策层面来看，2015 年 3 月"粤港澳大湾区"概念首次被明确提出；2016 年，粤港澳大湾区被纳入国家"十三五"规划；2017 年 7 月 1 日，国家发展改革委与粤港澳三地政府共同签署了《深化粤港澳合作　推进大湾区建设框架协议》，标志着粤港澳大湾区建设正式上升为国家战略；2019 年 2 月 18 日，中共中央、国务院印发《粤港澳大湾区发展规划纲要》，标志着粤港澳大湾区建设进入政策制定和协调推进实施并重的阶段。粤港澳大湾区承载着 21 世纪全球文明演进试验场和风向标的重大使命，承担着新时代"一国两制"框架下落实"中国方案"的历史责任。

《粤港澳大湾区发展规划纲要》发布两年多以来，粤港澳大湾区建设有序推进，从设施"硬联通"到机制"软连接"，从创新引领下要素聚集到民生改善带来的民心相通，大湾区建设迈出了实质性步伐，赢得了一个美好的开局。

一是经济总量持续向好。粤港澳大湾区总面积5.6万平方公里，2019年末总人口达7116万人，经济总量超过12万亿元人民币。2020年2月4日，广东省统计局官网公布了2019年广东省各市生产总值情况，排名前六的都是大湾区城市。其中，深圳继续领跑全省GDP，总值高达26927.09亿元，同比增长6.7%；紧随其后的是广州，实现GDP总值23692亿元。

二是国际科技创新中心建设有序推进。粤港澳大湾区国际科技创新中心"两廊""两点"建设框架已逐步搭建。以深圳河套、珠海横琴为两点支撑带动；在广深港、广珠澳两个科技创新走廊上，中新广州知识城、深圳光明科学城、珠海横琴粤澳合作产业园、东莞中子科学城等一批重大创新平台"串珠成链"；强流重离子加速器、材料基因组等一批重大科技基础设施开工建设，引领湾区筑起原始创新高地；香港科技大学在广州南沙的合作办学项目正式动工，中国科学院香港创新研究院建设开始推进，三地协同创新不断深化，全球高端创新要素聚集，湾区经济迸发出前所未有的活力。

三是基础设施互联互通，不断强化畅通湾区，连接世界的陆海空立体交通运输网络初步形成。南沙大桥顺利通车，深中通道建设有序推进，赣深、广汕高铁加快建设，广湛高铁开工建设，深茂铁路深江段、深惠城际等重点项目前期工作稳步开展；深圳机场三跑道批复建设，惠州机场航站楼、货运区和停机坪扩容工程开工，粤港澳三地机场携手，世界级机场群建设提速，湾区人流、物流更加便捷高效。

四是宜居宜业宜游的优质生活圈加速打造。2019年，广东积极推进三地民生深度融合，研究实施民生"湾区通"工程，促进公共交通、通信资费、信用信息、电子支付等领域标准互认、政策互通。印发实施《加强港澳青年创新创业基地建设实施方案的通知》《关于贯彻落实粤港澳大湾区个人所得税优惠政策的通知》等政策文件，将港澳创业者纳入当地创业补贴扶持范围，在珠三角九市工作的港澳高端人才和紧缺人才将享受优惠的税收政策。

"十四五"时期是我国全面建成小康社会、实现第一个百年奋斗目标之后，乘势而上开启全面建设社会主义现代化国家新征程、向第二个百年奋斗目标进军的第一个五年。进入新发展阶段，有新情况新机遇，也有新挑战新问题，需要新思维新行动。在"一国两制"下，粤港澳社会制度不同，法律制度不同，分属于不同关税区域。这既是挑战，也蕴藏着巨大机遇。一方面，粤港澳三地不同的社会制度、法律制度、关税制度为大湾区内市场互联互通水平的进一步提升，生产要素高效便捷流动提出了挑战。与此同时，广东省内区域发展不平衡、不充分的问题仍然存在，而港澳则面临发展空间与资源的制约。另一方面，粤港澳大湾区三地之间互相支撑、互相补充，则形成了良好的发展推动力。广东在改革开放40多年来形成了强大的发展势能，香港、澳门两大特别行政区长期面向国际，拥有高度自由的市场和与国际接轨的法律体系、社会制度。这正好弥补了彼此之间的短板——内地市场仍有待进一步开放，香港、澳门可以为广东乃至整个内地提供接入国际市场的通道；香港和澳门则面临着土地、资源稀缺的问题，而广东能为港澳提供广阔的腹地。因此，在湾区内人流、资金、物流等资源要素加速自由流动的条件下，粤港澳三地需要进一步实现优势互补，推进开放发展、创新发展，从而有效增强各自在全国发展格局及全球产业链、价值链中的功能和地位。展望未来，粤港澳大湾区建设将继续深化三地交流与合作，促使粤港澳大湾区成为带动国家经济发展的重要引擎，成为全面开放试验区以及"一国两制"下的区域发展共同体，打造令人瞩目的世界级湾区。

目　录

CONTENTS

肇庆　　　广州　　　惠州
　　佛山　　　东莞
江门　中山　　深圳
　　珠海　　　香港
　　　澳门

第一章

大湾区体系

2017 年 10 月，习近平总书记在党的十九大报告中提出"中国特色社会主义进入了新时代"这一战略判断，并强调"中国经济已由高速增长阶段转向高质量发展阶段"。在新时代，如何科学研判、适时顺应国际国内潮流大势，以新的区域发展战略来引领中国经济的高质量发展，是摆在全党全国人民面前的一项重大战略任务。2019 年 2 月 18 日，中共中央、国务院印发《粤港澳大湾区发展规划纲要》（以下简称《规划纲要》），正是顺应了这一战略需求。粤港澳大湾区作为我国开放程度最高、经济活力最强的区域之一，在国家发展大局中占据重要的战略地位。《规划纲要》的出台，具有重大而深远的现实意义与时代价值。从战略定位来看，《规划纲要》对粤港澳大湾区主要提出五个方面的定位：即充满活力的世界级城市群、具有全球影响力的国际科技创新中心、"一带一路"建设的重要支撑、内地与港澳深度合作示范区、宜居宜业宜游的优质生活圈。打造粤港澳大湾区，建设世界级城市群，有利于丰富"一国两制"的实践内涵，进一步密切内地与港澳地区的交流与合作；有利于进一步深化改革、扩大开放，建立与国际接轨的开放型经济新体制，建设高水平参与国际经济合作的新平台；有利于推进"一带一路"建设，通过区域双向开放，构筑丝绸之路经济带和21世纪海上丝绸之路对接融汇的重要支撑区；有利于贯彻落实创新、协调、绿色、开放、共享的新发展理念，深入推进供给侧结构性改革，实现创新驱动发展，为我国经济创新力与竞争力不断增强提供重要支撑。

主题词　粤港澳大湾区建设具有重大功能平台作用

问：我们应如何准确认识粤港澳大湾区建设战略？

答：2019年2月发布的《规划纲要》是指导粤港澳大湾区当前和今后一段时期全面发展的纲领性文件。粤港澳大湾区是最活跃的经济发展区域之一，具有被建设成为世界一流区域的实力。随着我国"一带一路"倡议的深化发展，粤港澳大湾区担负着更加重要的时代使命。对这个战略要有五个基本的认识：

第一，粤港澳大湾区建设战略，同京津冀协同发展、长江经济带发展等重大战略，以及"一带一路"倡议协同推进，使得我国的区域协调发展的战略布局更加完整、更加有力。

第二，党的十八大以来，习近平主席多次在外交场合强调"中国开放的大门不会关，只会越开越大"，要加大力度推动对外开放，给予地方更多对外开放的探索权。高水平的对外开放需要有高水平的平台，粤港澳大湾区恰恰就是中国开放水平最高的地区之一。

第三，粤港澳大湾区是代表着我国改革开放进入新时代率先发展的平台，承担着改革开放再出发重任的首要平台。与港澳合作的模式，一定程度上代表了我国对外开放的模式，至今已经经历了四个阶段。一是跨境加工贸易合作阶段，代工、贴牌，挣血汗钱。二是传统服务业合作阶段。三是高端服务贸易合作阶段。四是粤港澳大湾区时代，是以制度开放为主要特征的阶段。粤港澳大湾区是中国经济活力最强的地区之一，粤港澳大湾区要为国家高质量发展、供给侧结构性改革及基本实现社会主义现代化做出表率。

第四，粤港澳大湾区是承担若干战略功能的综合性平台。在政治层面，要深度实践探索"一国两制"制度；在经济层面，要形成高质量发展的典范，培育成为一个世界级的经济平台；在可持续发展层面，要形成公平、包容、高效、绿色的发展样板；在制度层面，要推进完善现代化制度。

第五，粤港澳大湾区是新时代"一国两制"新实践的重要平台，它有利于打开港澳的物理空间和产业空间，承载着支持港澳融入祖国发展大局的重要使命。例如，香港回归祖国 20 多年，发展取得了巨大的成绩，但是因为种种因素也进入了一个相对低速的增长阶段，1997 年的亚洲金融危机和 2008 年的国际金融危机，对它的冲击很大。如果按照名义 GDP 美元增长率，过去 20 年香港只有 3.5% 的增速，世界平均增速是 5%，我国内地名义 GDP 美元增长率是 14%，差距较大。1997 年香港回归的时候，香港的 GDP 相当于全国 GDP 的将近 20%，是广东地方生产总值的 1.9 倍。2020 年，我国香港地区完成的名义 GDP 为 27107.30 亿港元，实际下降 6.1%。主要是因为"为了对抗疫情采取的各项限制措施，使得香港地区的居民消费、企业投资以及进出口均出现了大幅下滑"。按平均汇率折算为 3494.5 亿美元，约合 24103.74 亿元人民币，在全国排第 20 名。在这种情况下，香港自身怎么克服这些困难？除了靠香港特区政府、香港各界的共同努力，也要通过粤港澳大湾区建设战略的一些有力措施，为香港发展注入新动能，使其融入国家发展大局更加牢固有力，使民众有更多的实实在在的获得感。同样，对于推动澳门经济多元化发展，拓展澳门发展新空间，也具有同样的战略作用和价值。

小贴士 "中国开放的大门不会关，只会越开越大"

2018 年 11 月 5 日，国家主席习近平出席首届中国国际进口博览会开幕式并发表题为《共建创新包容的开放型世界经济》的主旨演讲。习近平指出："今年 4 月，我在博鳌亚洲论坛年会开幕式上说过，过去 40 年中国经济发展是在开放条件下取得的，未来中国经济实现高质量发展也必须在更加开放的条件下进行。我多次强调，中国开放的大门不会关闭，只会越开越大。中国推动更高水平开放的脚步不会停滞！中国推动建设开放型世界经济的脚步不会停滞！中国推动构建人类命运共同体的脚步不会停滞！"

主题词 具备打造国际一流湾区的条件

问：粤港澳大湾区已具备打造国际一流湾区和世界级城市群的基础条件，具体体现在哪些方面？

答：粤港澳大湾区地处我国沿海开放前沿，经济活力强、开放程度高、创新要素和现代产业集聚，在我国改革开放全局中占据重要战略地位，具备打造国际一流湾区的先天优势和基础条件。

一是经济体量大。粤港澳大湾区以全国不到 1% 的国土面积、5% 的人口总量，2018 年创造出全国约 12% 的经济总量。与国际比较，2018 年粤港澳大湾区经济总量约 1.64 万亿美元，对照国际货币基金组织（International Monetary Fund）2019 年 4 月公布的世界各国和地区经济总量数据，低于全球第 10 位的加拿大（1.71 万亿美元），超过第 11 位的俄罗斯（1.63 万亿美元），相当于世界经济体的第 11 位。可见，粤港澳大湾区经济基础雄厚，是支撑全球经济增长的重要板块。

二是创新要素集聚。粤港澳大湾区内汇聚了一大批国际一流大学、科研院所和创新型企业，港澳科教优势明显。珠三角是国家自主创新示范区，布局建设有国家级新区、自由贸易试验区、科技城、科学城、高新区等多种类型的重要创新发展平台和载体，人才、资金、技术、知识、信息等创新资源密集，在基础科学研究、产业科技创新、研发成果转化等方面具有较好的基础条件和成熟的发展模式，这些都为进一步推动创新发展提供了重要的支撑和保障。

三是国际化程度高。香港作为全球知名的自由贸易港和国际金融、航运、贸易中心，是世界最自由开放的经济体。根据美国智库传统基金会和《华尔街日报》联合发表的《2019 年经济自由度指数》，香港已经 25 年蝉联榜首。澳门作为世界旅游休闲中心和中国与葡语国家商贸合作服务平台，也拥有世界公认的开放型贸易和投资体系。广东省是我国改革开放的"排头兵",与世界经济联系紧密,其中珠三角九市更是我国对外开放的重要窗口和前沿阵地。

四是相互间合作不断深入。经过改革开放40多年来的快速发展,珠三角九市和港澳地区形成了较好的产业协作和配套关系,香港、澳门高度发达的服务业优势和珠三角九市完备的加工制造优势不断强化发挥。特别是香港、澳门回归祖国后,港澳与内地的联系日益紧密,粤港澳三地合作不断深化,由最初的加工生产配套关系为主逐步扩展到加工制造、科技教育、金融服务、休闲旅游、生态环保、社会服务、城市建设等多领域全方位合作,经济一体化程度不断提高。

五是开发拓展空间大。在面积上,粤港澳大湾区远远超过纽约湾区、旧金山湾区和东京湾区,且经济密度相对较小,未来在人口、产业承载上还有较大空间和潜力可挖掘。此外,粤港澳大湾区背靠中国内地广阔且规模宏大的腹地经济,将能在资源要素供给、科技创新和产业发展协作、进出口商品贸易市场拓展等方面为得到源源不断的配套支撑。

六是制度优势独一无二。粤港澳大湾区建设涉及一个国家、两种制度、三个关税区和三种货币,这是与其他湾区相比,粤港澳大湾区最大的特殊性,也是最大的优势。只要进一步深化改革创新,逐步破除要素流动的体制机制障碍,发挥好两种制度结合优势和粤港澳三地的特色比较优势，粤港澳大湾区的市场活力和发展动力一定会更好地迸发出来，形成促进发展的强大合力。

主题词 积极破除要素流动的体制机制障碍

问：粤港澳大湾区包括香港、澳门和广东九市，内部差异大，促进要素更有效、更便捷流动是否是推动大湾区建设面临的困难？如何破除这个难题？

答：粤港澳大湾区存在一个国家、两种制度、三个关税区、三种货币，对于这一最大的特殊性，我们要辩证地看待：一方面，在促进粤港澳三地融合发展过程中，会在不同程度上面临人流、物流、资金流、信息流等要素顺畅流动问题，现阶段要素流动成本还比较高。另一方面，"一国两制"也是大湾区建设最大的优势，只要进一步深化改革创新，充分发挥好粤港澳三地的特色优势，大湾区发展的市场活力一定会更好地迸发出来。

促进要素自由流动的关键还在于更好更多地发挥市场机制作用，让市场主导来配置大湾区乃至全球的资源要素。这个过程中，需要更好地发挥政府作用，政府既要为市场作用发挥创造和提供有利条件，也要及时有效地弥补市场机制失灵。

一是创新体制机制。围绕限制要素流动和标准对接、资格互认等关键问题，通过推动实施一批改革创新政策举措，在合作发展过程中，逐步解决投资便利化、贸易自由化、人员货物往来便利化等体制机制约束。

二是共建合作发展平台。发挥好深圳前海、广州南沙、珠海横琴等重大平台，以及珠三角九市积极推进的一些特色合作平台，发挥在促进体制机制创新、深化改革开放、促进粤港澳三地要素流动等方面的示范带动作用，积极拓展合作发展空间，引领带动粤港澳全面深化合作。

三是搞好营商环境建设。打造具有全球竞争力的营商环境，全面对接国际高标准市场规则体系，加快构建开放型经济新体制，在"一带一路"建设中发挥更重要的支撑作用，有力汇聚全球优质经济要素。

小贴士 粤港澳大湾区企业 POI 数据

地区	2015 年		2017 年		2019 年	
	POI 数量	占比（%）	POI 数量	占比（%）	POI 数量	占比（%）
广州	115928	21.5	141246	21.2	155838	20.6
深圳	157285	29.2	192668	28.9	210017	27.7
珠海	11875	2.2	16153	2.4	17575	2.3
佛山	62269	11.6	7582	11.4	83815	11.1
东莞	87085	16.2	111893	16.8	124642	16.5
中山	27895	5.2	39362	5.9	45063	6.0

地区	2015 年		2017 年		2019 年	
	POI 数量	占比（%）	POI 数量	占比（%）	POI 数量	占比（%）
惠州	18333	3.4	23678	3.6	28907	3.8
江门	15151	2.8	18796	2.8	21503	2.8
肇庆	6411	1.2	7456	1.1	9973	1.3
香港	34664	6.4	37707	5.7	57331	7.6
澳门	1231	0.2	1318	0.2	2426	0.3
合计	538127	100	666079	100	757090	100

主题词　粤港澳大湾区建设意义重大

问：我们应该如何理解粤港澳大湾区建设的重要意义？

答：每一项国家重大区域战略的提出都有其背景及独特内涵。建设粤港澳大湾区既是新时代推动形成全面开放新格局的新尝试，也是推动"一国两制"事业发展的新实践，这是整个《规划纲要》的重要主线和核心要义。

在《规划纲要》中，关于粤港澳大湾区的战略定位、空间布局和重点任务，都能看到粤港澳大湾区在国家经济发展全局和对外开放格局中的重要地位，看到国家支持香港、澳门融入国家发展大局的影子。

推进粤港澳大湾区建设有利于丰富"一国两制"实践，保持港澳长期繁荣稳定；有利于促进更高水平的对外开放，提升大湾区的经济创新力和国际竞争力；有利于促进高质量发展，成为引领全国高质量发展的重要动力源；有利于探索解决粤港澳三地长期发展过程中积累的一些深层次问题，持续增进粤港澳三地民生福祉，解决一系列老百姓最关心的问题。我们应该深刻领会和准确把握中央的战略意图，从中华民族伟大复兴的战略高度和历史发展的长河中深化对粤港澳大湾区建设重大意义的认识。

主题词 粤港澳大湾区在全国区域协调发展格局中的地位和作用

问：党的十八大以来，中央先后谋划推出了一批重大区域发展战略。请举例子谈谈大湾区建设与其他重大区域战略在区域协调发展中有什么不同的作用和地位？

答：京津冀协同发展、长江经济带发展、粤港澳大湾区建设、长江三角洲区域一体化等重大区域战略相互配合，构建完善了我国改革开放空间布局。这些战略区域是中国科技创新、产业集聚的重要承载地，是中国经济发展的精华所在，是未来中国经济由高速增长转向高质量发展的重要动力源和新引擎。

京津冀协同发展战略，通过疏解北京非首都功能，调整经济结构和空间结构，走出一条中国特色解决"大城市病"

和内涵集约发展的新路子，将探索出一种人口经济密集地区优化开发的模式，促进区域协调发展，形成新的增长极。

长江经济带发展战略，把修复长江生态环境摆在压倒性位置，共抓大保护、不搞大开发，努力把长江经济带建设成为生态更优美、交通更顺畅、经济更协调、市场更统一、机制更科学的黄金经济带，将探索出一条生态优先、绿色发展的新路子。

长三角区域一体化发展战略，通过推动长三角地区实现更高质量一体化发展，打造成为全国发展强劲活跃增长极、全国高质量发展样板区、率先基本实现现代化引领区、区域一体化发展示范区和新时代改革开放新高地。重在区域一体化方面深入探索实践，提升区域的整体竞争力，将更好引领长江经济带发展和服务国家发展大局。

粤港澳大湾区建设战略，是新时代推动形成全面开放新格局的新尝试和"一国两制"事业发展的新实践。通过深化内地与港澳合作，进一步提升粤港澳大湾区在国家经济发展和对外开放中的支撑引领作用，支持香港、澳门融入国家发展大局，保持香港、澳门长期繁荣稳定，让港澳同胞同祖国人民共担民族复兴的历史责任、共享祖国繁荣富强的伟大荣光。

肇庆　　　广州　　　惠州
　　佛山　　　东莞

江门　中山　　　深圳

　　珠海　　　香港
　　　澳门

第二章

大湾区的未来

　　《规划纲要》是针对同一个国家、实施两种不同制度、覆盖三个单独关税区、涉及四个核心城市、管辖五个机场及周边地区，而制定的全面深化、全方位合作的规划。《规划纲要》在总体要求中指明了粤港澳大湾区建设的指导思想、基本原则、战略定位和发展目标。关于指导思想，必须深入贯彻习近平新时代中国特色社会主义思想和党的十九大精神，统筹推进"五位一体"总体布局和协调推进"四个全面"战略布局，全面准确贯彻"一国两制"、"港人治港"、"澳人治澳"、高度自治的方针。六大原则，每一项原则对应一项清晰的目标：一是创新驱动，改革引领；二是协调发展，统筹兼顾；三是绿色发展，保护生态；四是开放合作，互利共赢；五是共享发展，改善民生；六是"一国两制"，依法办事。在 2022 年和 2035 年两个时间节点，设定了粤港澳大湾区的发展目标，明确了大湾区建设的时间表、路线图和任务书。本章主要回答了《规划纲要》中的诸多亮点、粤港澳大湾区"9+2"城市群协同发展、如何推进粤港澳大湾区高质量发展、对标国际一流湾区的发展前景、在全球发展中的担当使命、建设成为富有活力和竞争力的国际一流湾区等一系列问题。

主题词 《规划纲要》的最大亮点

问：《规划纲要》约 2.7 万字，涉及粤港澳大湾区发展的方方面面。总体来看，其中最大的亮点是什么？

答：《规划纲要》绘就了粤港澳大湾区建设的宏伟蓝图，是指导粤港澳大湾区当前和今后一个时期合作发展的纲领性文件。《规划纲要》就粤港澳大湾区战略定位、发展目标、空间布局以及建设国际科技创新中心、基础设施互联互通、构建现代产业体系、生态文明建设、建设优质生活圈、参与"一带一路"建设、共建合作发展平台等方面勾勒了清晰的路线图。

《规划纲要》内容中有很多主题、很多亮点、很多细节之处都值得深入讨论和学习，这也有利于社会各界更好地参与到大湾区建设的实践中来。如果要提纲挈领地来把握《规划纲要》最大的亮点，应该是这次规划把粤港澳三地作为一个整体放在国家发展大局中予以统筹考虑，在大湾区建设的方方面面都充分体现支持香港、澳门融入国家发展大局，这也是大湾区规划的一条重要主线。

主题词 **让利港澳** **协同发展**

问：粤港澳大湾区涉及港澳和珠三角九市，但经济制度是不一样的，应该如何促进协同发展？

答：促进粤港澳大湾区内部协同发展，要综合考虑合作发展、单向给惠、包容发展和可持续发展等方面。

一是合作发展。在"一国两制"框架下，目的是强化而不是削弱"一国两制"，是善用两制之利的具体化，这也是从中央层面首次将港澳与内地一同规划。《规划纲要》规划范围涵盖港澳，并且把广东九个市和港澳融合在一起写，每个篇章都体现了融合发展的思想。

二是单向给惠。港澳物理空间、发展空间有限，而我们国家的实力已经有显著提升，这就可以在短期内更多地给予而不是对等开放，要给港澳创造更多的发展机会。

三是包容发展。港澳有自己的基因，有自己的模式，在推动粤港澳三地发展过程中要找到三方都能接受的模式和方式方法，寻求最大公约数，形成共识，顺应民心，包容发展。

四是可持续发展。体现公平、效率、绿色发展目标和发展路径，才能为湾区民众所接受，才能形成优质生活圈，才能为更长远、更高质量发展打下基础。

主题词 全面开放和创新引领驱动　推进高质量发展

问：粤港澳大湾区如何推进高质量发展？

答：粤港澳大湾区应该按照建设国际一流湾区的要求，打造高质量发展的中国样板，为世界贡献中国智慧、中国方案。

第一，依靠全面开放和创新引领"双轮"驱动，一方面，要实行全面开放，深化粤港澳多层次、全方位、宽领域的双向开放，不仅要"引进来"，还要"走出去"，要和"一带一路"倡议有机结合；另一方面，要创新引领，粤港澳大湾区的创新引领不仅是科技创新，而且要全面推进科技创新、体制创新、管理创新、品牌创新。

第二，粤港澳大湾区属于多中心网络结构，要充分发挥重要城市的引领作用，加强城市之间的分工合作，建成生产生活生态协调、宜居宜业宜游的高品质世界级城市群。关键是要构建新型产业分工格局。首先，香港、广州、深圳等重要城市的产业格局应该是控制两头、甩掉中间的"哑铃形"结构。控制两头，是指一头抓住总部、研发、设计环节，一头抓住市场营销、技术服务、品牌环节。其次，其他城市要更加侧重专业化，这种专业既包括先进制造业专业化，也包括高端服务业专业化。最后，要强化功能分区，在产业链新型分工格局下，强化城市之间的功能分工。例如，香港已经是金融中心，但并不意味广州就不能再建设金融中心，香港、广州和其他城市应该联手打造国际金融中心等。

第三，坚持新型城镇化与乡村振兴"两头抓"，加快推进工业化和城镇化转型，实现高质量的工业化和城镇化，促进全面乡村振兴。粤港澳大湾区的城镇化率已经越来越接近城镇化的顶点。因此，珠三角地区的城镇化建设，未来的重点应该是提高城镇化质量，珠三角的工业化也要从过去的高速工业化转变为高质量工业化。此外，要划定城市增长的边界，明确耕地保护区和农业保护区，推动城市资金、技术、人才下乡，促进乡村全面振兴。

主题词 抓住产业发展重点　促进发展模式转型

问：相比过去，新时代推进粤港澳大湾区建设有什么新的总体要求？

答：粤港澳大湾区必须探索一条由过去数量扩张型的经济发展模式迈向高质量发展模式的新的路径，对粤港澳大湾区发展提出了新的要求。

从任务角度来看：第一，粤港澳大湾区要成为国际科技创新中心。高质量发展的道路，科技创新是引领式引擎，没有科技创新就没有高质量的发展。粤港澳拥有建设国际科技创新中心的良好基础和条件，以它们为重要节点建设粤港澳科创走廊，有利于优化区域创新环境，集聚与共享创新资源，构建创新生态，形成创新动能。

第二，粤港澳大湾区应该成为我国现代制造业的中心和基地，发展高技术驱动、环境友好型的现代制造业。粤港澳大湾区初步形成了以电子信息和装备制造业为主导，家电、石化、新材料、纺织、生物医药等优势产业为支撑的产业体系，推动制造业从加工生产环节向研发、设计、品牌、营销、再制造等环节延伸。

第三，粤港澳大湾区应大力发展新的金融业态，成为我国重要的金融枢纽。香港是在全球有影响力的国际金融中心，深圳也是重要的科技创新基地，把香港、深圳连接在一起，加上澳门、广州，发挥在全球资本市场的重要影响力，可以建立国际性金融枢纽。

第四，粤港澳大湾区应该成为国际贸易的重要窗口。国际贸易是我国经济发展的重要引擎，要充分利用粤港澳大湾区的对外开放条件，今后继续在对外开放、国际贸易方面发挥带动作用。

从目标角度来看，要深度成功实践"一国两制"以形成正面示范，确保港澳长期繁荣稳定，全面推进现代化建设，促进经济创新增长。为此，一是打造新平台，在高质量发展方面示范引领；二是尝试新探索，寻找发展路径；三是寻求制度的最大公约数，构建新体制；四是寻求新动能，寻找发展新动力；五是不断创新机制，对内实现可持续发展，对外携手参与国际竞争。

主题词 看齐世界一流湾区　引领中国发展

问：对标国际一流湾区，粤港澳大湾区未来的发展前景怎么样？

答：粤港澳大湾区在未来中国经济发展中应该起到一个引领和标杆的作用。改革开放以来，珠三角、长三角、京津冀实际上引领了中国经济的快速发展，粤港澳大湾区通过这么多年的积累发展，有理由在引领未来中国经济的新一轮发展中发挥更加重要的作用。

粤港澳大湾区在很多方面已经走在了全国的前列。但是和国际一流湾区，如纽约湾区、旧金山湾区、东京湾区相比，还有一定的差距。湾区经济发展是一个不断升级的过程，基本上都从贸易型向工业型，再向服务型转变，今后可能是服务型和创新型的引领。从产业结构来讲，粤港澳大湾区服务业的比重只不过在57%—58%，第二产业就占到40%多；而纽约湾区、旧金山湾区的产业结构中，服务业占到89%—90%了，像旧金山湾区创新引领的特色已经非常突出了，新一代信息技术、人工智能、生命科学、生命技术等创新发展非常明显。

因此，推进粤港澳大湾区建设需要制定一个一个的阶段性目标，比如到2022年，我们需要达到一个什么水平；到2035年，我们应该建成一个什么样的具有国际一流水平的大湾区。未来，粤港澳大湾区不仅要经济总量超过其他国际一流湾区，还要在人均发展水平上实现赶超。如果能够达到纽约湾区的55%，达到东京湾区的90%左右，那就是一个很高的现代化水平。相信到那时候，无论是在产业结构、创新动力上，还是在优质生活圈建设上，都会有很大的改善。

小贴士 2019 年世界四大湾区世界 500 强企业比较

湾区	数量（家）	平均营收（亿美元）	平均利润（亿美元）
纽约湾区	22	666.31	64.89
旧金山湾区	22	1010.72	165.52
东京湾区	39	643.37	36.06
粤港澳大湾区	20	598.59	47.77

主题词 创新发展 担当全球使命

问：粤港澳大湾区在全球发展中有什么重要的使命担当？

答：纵观全球发展史，伴随着历次新科技革命和产业变革发展，纽约、旧金山、东京等国际一流湾区相继崛起，成为所在国家乃至全球经济增长的重要引擎和增长极。粤港澳大湾区应向世界一流湾区看齐，提升在全球经济发展格局中的地位和作用，积极主动肩负起支撑、带动甚至引领全球发展的新使命。

一是为支撑全球经济可持续增长提供新引擎。粤港澳大湾区经济基础雄厚，已是支撑全球经济增长的重要板块。粤港澳大湾区凭借着较大的经济体量和创新发展能力等综合优势，完全有条件和实力，在新一轮全球经济结构调整中保持良好的发展势头和增长惯性，成为具有全球影响力和支撑力的世界经济增长极。

二是为全球新科技革命和产业变革提供新动力。当今世界新科技革命与产业变革方兴未艾，一大波新的科技革命正在酝酿和催生新的生产生活方式。全球各国业已进入创新竞技发展的新阶段，无论是发达国家还是新兴市场国家，都在积极致力于有利于本国发展的科技创新和工业化战略。粤港澳大湾区发挥创新要素集聚、产业体系完备等优势，完全有条件也有责任成为全球新一轮科技革命和产业创新发展的积极参与者甚至引领者，为促进全球新科技革命走向深入、提升全球产业发展效率和推动优化重塑全球产业分工格局提供动力。

三是为全球经济治理积极贡献中国智慧和力量。后金融危机时代，在全球经济结构深度调整中，发达国家再工业化和新兴市场国家工业化追赶并存，全球化与逆全球化并存，资源要素争夺加剧，全球经贸规则体系进入新一轮谈判博弈阶段，国际秩序正在加速变革重塑。粤港澳大湾区兼有社会主义制度和资本主义制度两种制度条件和优势，促进粤港澳三地融合发展，本身就是区域经济治理的重大创新进步和新实践。发挥粤港澳大湾区作为中国扩大对外开放的重要窗口和平台作用，促进与全球经济深度融合，打造高品质的国际化营商环境，加快建立与国际接轨的现代化治理体系，实现全球范围内的合作共赢，既为提升我国国际影响力和制度性话语权提供新空间，也为全球经济治理贡献中国智慧和力量。

主题词 积极参与全球竞争与合作

问：如何理解把粤港澳大湾区建设成为富有活力和国际竞争力的国际一流湾区的目标？

答：粤港澳大湾区经济实力雄厚、产业体系完备、创新要素集聚、国际化水平领先、"一国两制"的制度优势独特，在我国改革开放全局中占据重要战略地位，完全有基础、有条件和有潜力建成国际一流湾区。

从全球范围看，纽约、旧金山、东京等湾区是大家公认的国际一流湾区，在带动全球经济增长、引领全球科技创新和产业变革发展等方面都发挥着重要作用。推动粤港澳大湾区建设，就是要顺应全球发展大势，对标国际一流湾区建设发展，通过深化合作、创新发展，更好发挥香港、澳门作为自由开放经济体和广东作为改革开放排头兵的独特优势，促进粤港澳三地优势互补，形成发展新合力强合力，持续提升粤港澳大湾区的整体国际竞争力；从而在新一轮世界经济深度调整、全球科技革命和产业变革中，代表中国更加积极主动地参与全球合作竞争，更高水平地融入全球经济体系，也为推动全球经济创新发展积极贡献力量。

肇庆　　广州　　　惠州
　　佛山　　东莞
江门　中山　深圳
　　珠海　　　香港
　　　澳门

第三章

大湾区的大格局

空间是经济社会发展的载体和支撑。《规划纲要》中明确要构建港深、广佛、澳珠强强联合的极点带动，依据各类交通轴带支撑网络化空间格局；对大湾区内香港、澳门、广州、深圳四大中心城市、重要节点城市、特色城镇、城乡区域等都做了明确的统筹安排，完善城市群和城镇发展体系；辐射带动泛珠三角区域发展，旨在"构建结构科学、集约高效的大湾区发展格局"。这一统筹安排体现了区域经济发展模式中兼具极点模式、点轴模式、网络模式，科学合理。本章主要解析了"结构科学、集约高效的发展格局"，"极点带动、轴带支撑、辐射周边，推动大中小城市合理分工、功能互补"这一顶层设计背后的内涵，从促进城市单元深度融合发展的角度推动大湾区建设，以及香港、澳门、广州、深圳这四大中心城市在粤港澳大湾区建设中所扮演的角色定位、优势作用与发展前景等。

主题词　结构科学、集约高效的大湾区发展格局

问：《规划纲要》提出了结构科学、集约高效的空间格局，这点该怎么看？

答：区域发展或者城市群的发展主要是两种结构：一种是单中心，另一种是多中心。《规划纲要》中明确提出来要构建结构科学、集约高效的发展格局，可以从以下四个方面来看待。

第一，要构建一种多中心网络状的空间格局。城市群或者一个大区域的结构有单中心，也有多中心。粤港澳大湾区是一种多中心网络状结构，有香港、澳门、广州、深圳四个核心城市，还有其他的一些节点城市，不像某些地方就是一个单一的中心。要处理好多中心之间的关系，就要研究重要的交通干道，通过干道构成的网络来推动粤港澳大湾区的发展，这样就能够进一步推进粤港澳大湾区引领中国经济持续稳定发展，所以这种多中心网络型的发展格局很重要。

第二，要形成一个科学合理的城镇规模格局，不能说都是一些大城市，也不能说都是一些小城镇，它一定是以城市群为主体形态，大中小城市协调发展的一种科学合理的格

局。有四个中心城市叫核心城市，再往下有一批节点城市，再往下有一大批特色的城镇。从规模结构来看，实际上就是大中小城市跟小城镇，要合理分工、协调发展，形成一种科学合理的规模格局。

第三，一定要发挥中心城市的示范引领作用，来带动广东乃至整个南部地区的发展，促进区域经济协调发展，这实际上就是要构建一种科学合理的、区域协调发展的格局。不能说只有粤港澳大湾区的这几个城市发展起来了，粤北山区东西两翼落后了，差距越来越大，这是不对的。一定要发挥示范引领带动作用，通过粤港澳大湾区的发展，带动粤北及粤东西两翼的发展，带动整个西南跟华中地区的发展，乃至带动我们整个中国经济的发展。

第四，要构建一个城乡协调发展的格局。遵循城乡融合发展规律，融合发展就是城市跟农村是一个有机的整体。在粤港澳大湾区中城市发展了，但是乡村不能衰落，城乡要实现共融，发展的成果还要共享，促进城乡的融合发展。只有这样，才能够真正实现粤港澳大湾区的高质量发展。实际上，粤港澳大湾区应该有条件，也有能力打造成为中国城乡融合发展的样板区。

小贴士　未来广东的国土空间："一核两极多支点"

《广东省国土空间规划（2020—2035 年）》提出，未来广东将形成"一核两极多支点"的空间格局。"一核"指未来将强化珠三角核心引领作用，推动广州深圳双城联动，推进珠江口东西两岸融合发展，携手港澳共建国际一流湾区和世界级城市群。"两极"则包括支持汕头湛江建设省域副中心城市、培育汕潮揭都市圈和湛茂都市圈，推动港产城有效衔接联动协同，把东西两翼地区打造成全省新的增长极，与珠三角沿海地区共同打造世界级沿海经济带。"多支点"则意味着未来将建设若干个重要发展支点，增强汕尾阳江的战略支点功能，打造珠三角产业转移承载地、产业链延伸区和产业集群配套基地，增强韶关、清远、云浮、河源、梅州等北部生态发展区和地级市中心城区的综合服务能力，进一步提升中心城区人口和产业承载能力。

主题词　积极勾勒大湾区网络化的空间形态和组织关系

问：《规划纲要》对粤港澳大湾区的空间布局进行了全面规划，提出要"坚持极点带动、轴带支撑、辐射周边，推动大中小城市合理分工、功能互补"，怎样解读这种顶层设计背后的内涵？

答：把粤港澳大湾区建成发展活力充沛、创新能力突出、产业结构优化、要素流动顺畅、生态环境优美的国际一流湾区和世界级城市群，必须有一个结构科学、集约高效的发展格局作强力支撑。粤港澳大湾区建设在空间布局上，通过极点带动、轴带支撑和辐射周边，勾勒出了大湾区网络化的空间形态和组织关系，能够推动大中小城市合理分工、功能互补，增强城市之间的协调联动性。

纵观世界级一流湾区和城市群，都有自己的核心极点城市，发挥对资源要素的枢纽配置作用，兼具要素集聚与扩散功能，不同城市在湾区之中发挥各有侧重，或综合性、或专业特色的功能作用。其中，核心极点城市发挥着引领产业创新发展的作用，有力带动整个湾区或城市群发展。粤港澳大湾区的极点同样发挥类似功能作用，值得关注的是，粤港澳大湾区的极点不是单一城市，而是香港—深圳、广州—佛山、澳门—珠海强强联合形成的联合体。

在区域经济发展中，依托大江大河或重要交通干线将沿线重要城市联系起来，促进经济要素向沿线集聚，便形成了发展轴带。轴带是区域经济发展的重要形态，也是优化区域生产力布局的有力支撑。轴带上的重要城市，可以是中心城市，也可以是节点城市，这些城市影响力的强弱、城市势能的高低取决于城市的功能作用，包括综合性功能、专业化功能等。

《规划纲要》对于香港、澳门、广州、深圳等城市的发展方向和定位，都有明确的部署和安排。一方面，要考虑到粤港澳大湾区各个城市的发展现状，充分认识到不同城市在科技创新能力、产业发展基础、城市建设管理、资源禀赋以及城市知名度、影响力等方面都存在差异。对于每个城市，既要发挥比较优势，进一步提升长处；也要看到差距，加快弥补短板；还要顺应新时代新趋势新要求，积极培育新优势、新动能、新功能和新经济增长点。另一方面，要在差异、特色化发展的基础上，注重城市功能合理错位分工，进一步增强不同城市之间发展的协调联动性。通过深度合作，积极拓展港澳与内地的双向开放空间，促进优势互补、取长补短，更好地把粤港澳大湾区作为一个整体，共同提升经济创新力和动态竞争力；从而推动粤港澳大湾区建设迈向新的发展阶段，打造高质量发展的典范，成为引领全国高质量发展的重要动力源。

此外，要在更大区域视角上理解辐射周边的含义，积极拓展粤港澳大湾区的发展空间和辐射带动范围。增强空间布局的开放性，既要辐射带动粤东西北地区发展，也要辐射泛珠三角更大区域范围内的合作发展，以及联动全国其他地区协作发展，特别是要落实《中共中央 国务院关于建立更加有效的区域协调发展新机制的意见》的部署要求，推动建立区域战略统筹机制，促进粤港澳大湾区建设与其他国家重大区域战略融合发展。

小贴士 《中共中央 国务院关于建立更加有效的区域协调发展新机制的意见》

2018 年 11 月 18 日，《中共中央 国务院关于建立更加有效的区域协调发展新机制的意见》发布。《意见》包括总体要求、建立区域战略统筹机制、健全市场一体化发展机制、深化区域合作机制、优化区域互助机制、健全区际利益补偿机制、完善基本公共服务均等化机制、创新区域政策调控机制、健全区域发展保障机制、切实加强组织实施等十部分。

主题词 促进城市之间合作共赢

问：抱团才能取暖，合作才能共赢。从促进城市单元深度融合和合作发展的角度，如何积极推动粤港澳大湾区建设？

答："一花独放不是春，万紫千红春满园。"从广东省、粤港澳大湾区乃至全国范围看，至少要从四个层面来理解和研究推动城市之间的合作发展。

第一个层面是促进粤港澳三地之间，即珠三角九市与港澳之间的融合发展。《规划纲要》指出，在"一国两制"下，粤港澳社会制度不同，法律制度不同，分属于不同关税区域，市场互联互通水平有待进一步提升，生产要素高效便捷流动的良好局面尚未形成。在粤港澳大湾区建设过程中，如何促使香港、澳门与珠三角九市之间人员、物资、资金、信息便捷有序流动，这是关键的一点。所以，下一步应瞄准逐步破除要素流动的体制机制障碍，通过改革创新的办法，逐步出台实施一批强有力的政策举措，促进要素顺畅流动，更多更好更有力地发挥市场机制作用，不断提高大湾区市场一体化水平，推动粤港澳三地城市深度融合发展。

第二个层面是珠三角九市在对接港澳过程中，要促进形成各有侧重、良性互动发展的合作格局。珠三角九市在推动落实粤港澳大湾区建设战略上，积极性、主动性和能动性都很高，除了中央已经明确推动建设的一些粤港澳重大合作平台之外，不少城市也正在积极研究和谋划适合本地的与港澳对接合作的新模式新路径。但是，可以肯定的一点是，珠三角九市在经济实力、科技创新能力、产业发展条件、对外开放水平、与港澳的合作基础以至地理区位、土地开发空间、资源禀赋特点等方面差异较大。因此，在现阶段，各城市推动与港澳合作的方向、领域和政策着力点等方面，应有一个差异化的布局与分工，特别是在政策和体制机制创新方面，有些可以在珠三角九市全面铺开，但有些需要在个别城市或较小范围内先行先试，等好的合作经验、合作模式成熟了以后，再向其他城市推广移植。

第三个层面是广东还有一些其他城市不在粤港澳大湾区发展规划范围内，但这并不代表这些城市不参与粤港澳大湾区建设，我们不能人为地把广东省划分为粤港澳大湾区建设战略城市和非战略城市两个阵营，造成新的政策壁垒。这些城市如何深化与港澳地区的合作，如何与珠三角九市形成新的互动格局，更好配合、服务和落实好大湾区建设战略，需要从粤港澳大湾区建设的全局、广东全省层面和各市战略发展角度来深化研究，进而提出行之有效的思路、任务和政策举措。

第四个层面是要跳出粤港澳三地，从全国范围内看其他城市如何对接融入粤港澳大湾区建设战略。这首先需要从新时代促进我国区域协调发展的战略高度把握粤港澳大湾区与全国其他区域协调发展的新格局新态势，在研究和弄清楚区域协调发展的大格局后，才能更好地推动落实城市层面的合作。例如，从泛珠三角范围看，应在粤港澳大湾区建设战略背景下理解和把握新时代泛珠三角区域合作的主旋律和新内涵，以及研究新战略背景下省级层面各地区对接粤港澳大湾区战略的重点任务等，在这个基础上，不同城市可以进一步深化研究促进与大湾区城市合作的新任务，从而推动区域合作落地落实。

小贴士 "一花独放不是春，万紫千红春满园"

"一花独放不是春，万紫千红春满园"出自《古今贤文》，此处借喻各个城市之间只有协同合作，才能共赢发展。

主题词 香港地位和作用突出

问：在建设粤港澳大湾区的过程中，香港作为一个非常重要的中心城市，其定位是什么？如何更好地发挥香港在粤港澳大湾区建设中的优势和作用？

答：香港的战略定位需要与中央对粤港澳大湾区的总体战略定位相对应、相衔接。中央对粤港澳大湾区的战略定位有五个：一是充满活力的世界级城市群；二是具有全球影响力的国际科技创新中心；三是"一带一路"建设的重要支撑；

四是内地与港澳深度合作示范区；五是宜居宜业宜游的优质生活圈。香港主要是巩固和提升作为国际金融、航运、贸易中心和国际航空枢纽的地位，推动金融、商贸、物流、专业服务等向高端高增值方向发展，大力发展创新及科技产业，建设亚太区国际法律及争议解决服务中心。在粤港澳大湾区建设进程中，香港将发挥不可替代的积极作用，并获得增长空间。

第一，香港作为国际金融中心，在许多方面可以发挥独特优势，服务国家需要并作出重要贡献。金融服务于实体经济，香港资本市场稳健、成熟，可提供多元的融资选择，全方位满足企业金融服务需求。香港还可以发挥在法律及仲裁、人力资源、会计、咨询、教育和培训、投资项目评估、工程承包、项目管理等专业服务领域的突出优势，提供高质量的专业服务。

第二，在教育人才方面，大力推动创新及科技发展。香港有四所世界排名进入前100名的大学，具有较高的高等教育水平和较强的科技创新能力，在吸引国际科研机构和人才方面优势明显。

第三，在贸易方面，长期以来香港是接近零关税的自由港，坚持和支持自由贸易，把握"一带一路"和粤港澳大湾区发展带来的机遇，积极开拓内地和东盟市场，为香港商家和投资者提供新商机。作为全球重要的离岸人民币中心，香港积极推动"一带一路"与人民币国际化协调发展。

第四，在制度方面，香港具有"一国两制"、完全市场化和与国际接轨的经济制度优势，有助于大湾区更好地发挥在内地改革开放中先试先行积累的产业体系完备、创新要素聚集、经济市场化和国际化程度较高等综合优势，为国家建设与国际接轨的现代化开放型经济体系提供重要支撑。

第五，深化粤港澳文化创意产业合作，有序推进市场开放，充分发挥香港影视人才优势，推动粤港澳影视合作，加强电影投资合作和人才交流，支援香港成为电影电视博览枢纽。此外，巩固提升香港作为国际高端会议展览及采购中心的地位。

据 2021 年 3 月 8 日《人民日报（海外版）》报道，香港特区行政长官林郑月娥认为，粤港澳大湾区建设是香港对接"十四五"规划、融入国家发展大局的最佳切入点。作为国家重大发展战略，粤港澳大湾区势将成为世界级的区域经济体，世界各地无数企业都希望打进大湾区庞大而且不断增长的市场。香港有"近水楼台先得月"的优势，在中央大力支持下，积极参与大湾区建设，在金融、航运、创科、商贸等方面都有无限机遇。

积极发挥澳门的独特优势

问：澳门是"一国两制"的成功典范。在粤港澳大湾区建设中，澳门的战略定位是什么？如何发挥澳门的独特优势和作用？

答：澳门在粤港澳大湾区建设中具有特殊的地位，有许多不可替代的优势，可以大有作为。习近平总书记在会见香港澳门各界庆祝国家改革开放40周年访问团时提出了四点殷切希望：一是更加积极主动助力国家全面开放；二是更加积极主动融入国家发展大局；三是更加积极主动参与国家治理实践；四是更加积极主动促进国际人文交流。《规划纲要》对于澳门的战略定位就是"一中心、一平台、一基地"，即建设世界旅游休闲中心；中国与葡语国家商贸合作服务平台；促进经济适度多元发展，打造以中华文化为主流、多元文化共存的交流合作基地。澳门有着独特的优势。

第一，制度优势。回归祖国20多年来，澳门始终秉持"一国两制"的正确方向，成为"一国两制"成功实践的榜样。拥有"一国两制"优势的澳门经济社会发展取得了巨大的成就，在经济领域、社会文化领域走出了一条有澳门特色的发展道路。正确把握"一国"和"两制"的关系，坚守"一国"之本、善用"两制"之利，是澳门"一国两制"成功实践之道，"一国两制"的制度优势与生命力不断彰显。只有充分发挥制度优势，积极主动融入祖国发展大势，善用"一国两制"制度优势，才能扎实推动澳门经济社会持续发展，这也是澳门特区政府与民间的共识。

第二，教育优势。澳门非常注重爱国教育，澳门的学生从小到大，都在接受宪法、基本法以及国家基本知识的教育，这对于年轻人增强国家认同和身份认同起到了至关重要的作用。澳门公务员队伍也非常重视对"一国两制"、基本法的培训工作，澳门法官的培训课程中就有宪法、基本法的必修课。以爱国爱澳为主体的社团是澳门的传统强项。

第三，在酒店管理、旅游业、博彩业、服务业等方面澳门比较出色，而且会展业、特色金融业等新兴产业也在不断发展。澳门主要是建设世界旅游休闲中心、中国与葡语国家商贸合作服务平台，促进经济适度多元发展。澳门可以充分发挥与葡语系国家的社会和经济纽带作用，着力建设中国与葡语系国家之间商贸经济合作服务平台，支持和促进中国与葡语系国家之间的经贸商业往来和发展。世界上超过2.3亿人口的母语是葡语，这些国家和地区是潜在的大市场，对中国经济发展和对外交流有着重要意义。建设经济商贸合作服务平台，需要文化交流合作的支持与辅助，尤其需要了解和熟悉葡语系国家社会文化背景的专业服务人才，在这方面，澳门多元文化交流基地建设大有可为。

小贴士　推动粤港澳大湾区跨境城市治理

2019 年 12 月 3 日，珠海大横琴科技公司联合阿里云发布全国首个跨境服务创新平台，以及基于该平台的全国首个跨境服务 APP——琴澳通。琴澳通将为澳门企业及个人提供服务，以此推动澳门和广东两地的产业经济联动，共同实现城市治理数字化升级。2020 年 3 月，21 世纪经济研究院与阿里研究院共同发布《2020 粤港澳数字大湾区融合创新发展报告》显示：在跨境城市治理领域，以云计算、数据智能、智联网和移动协同等技术构成的数字基础设施的完善，为跨境城市治理开辟了新的空间，更系统全面地推动了粤港澳大湾区跨境城市治理实践。

主题词　广州提升和发挥国家中心城市作用

问：作为粤港澳大湾区四个中心城市、核心引擎之一，广州的战略定位是什么，战略目标是什么，未来前景怎样？广州如何发力打造科技文化和教育中心？

答：广州作为国家中心城市，粤港澳大湾区的一个最重要枢纽，根据《规划纲要》的定位要求，通过自己的努力，将会使它千年商埠、岭南文化的这种升级和巨大影响力进一步得到提升，同时在产业结构的优化升级方面能够发挥先行引领作用，特别是通过与港澳深度合作，它的这种作用会发挥得越来越好。此外，广州作为千年商埠，既能够带动整个华南乃至西南华中的对外开放，同时也能和港澳携手走出去，在"一带一路"建设上辐射东南亚和更远的地区，这样就使得广州作为国家中心城市的优势作用越来越明显。

中央对粤港澳大湾区的要求，包括建设世界级城市群、具有全球影响力的国际科技创新中心和新兴产业的策源地、"一国两制"的示范平台、"一带一路"建设的重要支撑和优质生活圈。在这样一些任务当中，广州作为区域发展核心引擎，它的作用是非常重要的，要充分发挥国家中心城市和综合性门户城市的引领作用，增强对周边区域发展的辐射带动作用。

第一，作为世界级城市群，从基础设施的角度来看，广州应承担物流枢纽的功能。广州已经是整个华南地区最大的枢纽，但是从发展的需求来看，还不能适应，像白云机场已经饱和，正在扩建，下一步可能还要从更长远的眼光来考虑建设新机场。作为整个珠三角的中心城市和国家的中心城市，广州的铁路、城际轨道交通、公路的综合交通网络支撑等，目前还有很多瓶颈要进一步破解。

第二，作为文化中心，广州是广东省乃至全国都非常有影响力的文化和教育中心。岭南文化的很多丰富内涵在广州市表现得非常突出。在中国近代史和中国革命史中，广州又有特殊地位，所以要在新时代粤港澳大湾区建设框架下，进一步凸显广州人才培养、教育中心和岭南文化中心等方面的优势，更好地发挥各方面的作用。在粤港澳大湾区范围内，现在有四所全球综合大学，但50强之内的全部在香港，大湾区其他内地城市一所都没有，广州在推动教育高质量发展方面还有很大空间可发展。

第三，广州科技创新方面大有可为。广州有很好的基础，比如广州知识城和新加坡的合作，广州的科学城现在发展得也很有特色。对于国家超级计算广州中心这样一些重大科技基础设施，要更好地发挥作用，促进人才培养和科技成果转化。此外，在科技创新方面，广州还要加强与香港、澳门、深圳的合作，强化几个核心城市之间的互动。过去广州跟深圳竞争多于合作，广州跟深圳之间一定要增加交流，加强学习合作。

第四，在国际商贸中心建设上积极推进。国际商贸中心不单是中国的，应该面向亚太、面向全球。比如，吸纳更多国际商贸的一些跨国大公司及其总部、营销中心、品牌运营等，要建设面向亚太、面向全球的管理运营中心。此外，还要积极拓展领域，过去理解的国际商贸中心更多是一种商品的贸易、服务，未来要由货物的贸易向服务贸易转变，从商品的市场向要素的市场转变。例如，《规划纲要》里面已经明确提出来要打造创新型的期货交易所，还有大宗商品区域交易中心，实际上就是说国际商贸中心的领域要不断地拓展。

第五，加大力量打造优质生活圈。应该说这些年广州市在城市环境治理、治安治理方面，都做出了很大努力，取得了很大的成绩。但是，在生态环境质量提升上，按照习近平生态文明思想要求还有一些需要改进的地方，特别是在广州城乡结合部的一些地方仍有很大改善空间。未来的广州应综合施策，打造高标准的国际优质生活圈。

主题词 深圳要在创新发展上不断跃升

问：在大湾区建设过程中，深圳扮演什么样的角色，应发挥什么样的作用？

答：中国改革开放40多年创造了诸多奇迹，深圳是一个集中的代表。40多年的时间，深圳从一个小渔村发展成为粤港澳地区经济规模最大的城市，成为中国乃至世界的创新中心，确实令人惊叹。未来在粤港澳地区的发展中，深圳应当继续保持这种发展的势头，从而在粤港澳大湾区的建设中发挥深圳作为发动机的作用。

第一，要继续强化创新的能力，通过技术创新来支持深圳产业的转型升级，提高深圳产业产品和企业的国际竞争力。深圳的科技创新能力在整个大湾区中是最强的，拥有先进的产业基础和丰厚的创新资源，集聚了华为、腾讯、中兴、大疆等一大批全球科技创新龙头企业和高成长性创新型企业。深圳的研究与开发（R&D）投入约占广东省的四成，超过全国的 5%，每万人发明专利拥有量高居内地城市之首。

第二，发挥深圳对粤港澳大湾区产品技术的扩散和带动作用。现在深圳的人口和产业高度密集，地价、房价很高，交通比较拥堵。相对来讲，深圳周边地区产业的集中度相对低一些，一些传统的、劳动密集型的产业，比如服装业，可以把设计营销总部留在深圳，其他的制造环节应当向粤港澳其他城市转移；另外就是技术密集型、知识密集型产业的制造环节，也可以向周边转移，特别是向珠江口西岸的一些城市转移。这几年我们一个成功的战略就是通过"腾笼换鸟"，提高深圳土地的产出率，每单位面积每年产出的产值，应当进一步提高，要超过旧金山湾区、纽约湾区、东京湾区的单位土地面积的产值水平。围绕继续发挥深圳在创新方面的引领作用，要培养更多创新型公司，在各个行业都能发挥领头作用，深圳竞争力就会明显提高。

第三，在人才的培养上，要办好一些高水平的创新型大学。现在，大学在深圳是一个短板。旧金山湾区之所以能够成为世界的创新源头，跟它有两所大学密不可分，一所是斯坦福大学，另一所是加州大学伯克利分校。加州大学伯克利分校获诺贝尔奖 110 多项，斯坦福大学获诺贝尔奖也有七八十项，这两所大学在基础科学、应用科学上的贡献，为旧金山湾区的发展发挥了重要作用。虽然深圳现在缺少这样的大学，但应当看到趋势是很好的，尽管深圳大学办学的时间很短，但在 2018 年全世界大学申请国际专利的排名中，第一次进入前十名，在国内深圳大学排到第一名，排在清华大学和北京大学的前面。这让我们深切感到在深圳这样一个创新环境下，不仅企业能办得很好，大学也能办得很好，进一步培养创新型人才为深圳成为创新型的城市作出贡献。香港在教育方面有一定的优势，香港大学、香港中文大学、香港科技大学的师资力量很强；在培养创新型人才方面，都有很好的优势。然而，因为香港地方比较小，生源比较缺，如果能够跟深圳合作办学，或者是在深圳办一些分校，面向国内招收高中生到那里就读；另外办一些研究生院，培养硕士生、博士生，这样就把香港的教育资源优势同深圳的企业创新能力结合起来，能够形成一个共同的创新优势。

第四，在粤港澳大湾区，还有广州、东莞、珠海等这些城市创新能力也很强，这些城市应当像深圳那样，把创新与发展紧密结合起来，"聚天下英才而用之"。深圳已经做到了把全国的优秀人才吸引到深圳搞创新。另外，通过到海外去创办一些研发机构，比如说把数学的研究设在俄罗斯，把互联网的研究设在美国，把材料的研究设在瑞典，把工艺的研究设在德国，把软件的研究设在印度，这样就不需要把国外的人才吸引到中国来，而是就地利用国外当地的资源，来增强创新的能力，是一个成本比较低的吸引人才的措施。所有有能力的企业都可以把研发中心设到国外去，全球布局利用国内的人才、全球的人才把深圳创新中心的能力进一步发挥好。

第五，进一步完善风险投资机制。旧金山之所以能够成为全世界的创新中心，跟其有一套完善的风险投资体制有很大的关系。从种子基金到天使基金，从 VC、PE 一直到纳斯达克科技版，形成了一个完整的创新金融体系。在国内各个城市里边，深圳风险投资是最完善的，也是最好的，但是跟旧金山湾区相比，我们的风险投资还是有一些薄弱环节，特别是早期的风险投资，还是比较薄弱的，要把早期的这些风险投资跟大学结合起来加强培育。比如有学生有了研发成果，甚至有了创新的构想，那么一些风险投资家可以去帮助他，给予资金的支持，帮他分析，怎样把这个技术成果成熟工程化产业化。早期的风险投资十个里边可能有七八个失败，仅仅有一两个成功了，即使这样，也可能就会把那些失误的投资给收回来，这样形成一个完整的风险投资链条。再与深圳的创业板、中小企业板结合起来，通过金融支持，提高深圳的创新能力，通过创新支持深圳高新技术产业的发展，提高深圳在国际市场的竞争能力。

小贴士

　　"腾笼换鸟"是时任广东省委书记的汪洋于 2008 年 5 月 29 日以《中共广东省委、广东省人民政府关于推进产业转移和劳动力转移的决定》文件形式正式提出的，也叫"双转移战略"。"腾笼换鸟"具体指：珠三角劳动密集型产业向东西两翼、粤北山区转移；而东西两翼、粤北山区的劳动力，一方面向当地第二、第三产业转移，另一方面其中一些较高素质的劳动力，向发达的珠三角地区转移。

肇庆　　　广州　　　惠州
　　佛山　　东莞
江门　中山　　深圳
　　珠海　　　香港
　　　澳门

第四章

全球科创中心和高地

国家和区域的竞争取决于城市群之间的竞争，而经济和产业的竞争往往取决于创新能力和科技创新的竞争。建设粤港澳大湾区国际科技创新中心，兼具创新能力和科技创新这两个特征和要求。粤港澳大湾区是我国科技创新资源最为集中、创新发展实力最强有力的区域之一，也是新兴产业发展最活跃的区域之一。在创新平台方面，粤港澳大湾区目前有广州、深圳、佛山、东莞4个国家创新型城市，深圳国家自主创新示范区和珠三角国家自主创新示范区以及25个国家工程研究中心。《规划纲要》提出，要充分发挥粤港澳科技和产业优势，积极吸引和对接全球创新资源，建设开放互通、布局合理的区域创新体系；推进"广州—深圳—香港—澳门"科技创新走廊建设，探索有利于人才、资本、信息、技术等创新要素跨境流动和区域融通的政策举措，共建粤港澳大湾区大数据中心和国际化创新平台；优化区域创新环境等。本章主要解答了粤港澳大湾区加快科技创新的意义，推进"广州—深圳—香港—澳门"科技创新走廊建设，打造全球科技创新的中心和高地，优化大湾区创新环境；分析了粤港澳大湾区国际科技创新中心与北京、上海科技创新中心的区别，以及改变粤港澳大湾区科技成果转化率低的问题等。

主题词　加快科技创新的意义

问：粤港澳大湾区加快科技创新的意义是什么？

答：科技创新在粤港澳大湾区建设上是头等大事，从某种意义上说比成为金融枢纽还重要，战略价值上同等重要。成为金融枢纽对大湾区当然重要，但是对大湾区更重要的期冀是成为科技创新中心。在大湾区里，人们关心的著名企业是华为，相比较而言，华为是领头企业，最具有国际影响力，因此要采取各种政策措施，降低华为的成本，优化营商环境。未来我们应该要有多个"华为"，一个"华为"远远不够，还不能说它是科技创新中心。当不同领域里面都有"华为"，粤港澳大湾区就成了中国经济增长新的增长极，建设科技创新中心的目标就可以实现，所以我们一定要把科技创新中心放在特别重要的位置，要培育一批"华为"。

主题词　广深港澳科技创新走廊建设的重点

问：粤港澳大湾区要打造具有全球影响力的国际科技创新中心，建成全球科技创新高地和新兴产业重要策源地。《规划纲要》提出，要推进"广州—深圳—香港—澳门"科技创新走廊建设。如何加快推动这一科技创新走廊的建设？

答：《规划纲要》的亮点很多，建设国际科技创新中心便是其中之一，这也是粤港澳大湾区建设的首要任务，是打造国际一流湾区的重要支撑。纵观国内外发展大势，推动大湾区建设国际科技创新中心，符合当今世界发展潮流，能够更好地推动香港、澳门融入国家创新体系，有利于更好利用香港、澳门在科技研发、服务经济和对外开放等方面的优势条件，通过港澳平台积极吸引和对接汇聚全球创新资源，也有利于更好发挥广东的产业集群与创新优势，持续推动产业创新升级。

其中，《规划纲要》提出的建设"广州—深圳—香港—澳门"科技创新走廊，是粤港澳国际科技创新中心建设的核心平台和关键支撑。广深港澳科技创新走廊的提出，充分考虑到了香港、澳门、广州、深圳强有力的创新基础、条件与能力，特别是创新走廊沿线布局有科技城、科学城、高新区、高技术产业基地等一大批有影响力的创新平台和载体，这些平台和载体将在科技创新方面发挥核心引领作用。

广深港澳合作推动科技创新走廊建设，至少要把握几个方面的重点：一是强化政策创新，破除制约创新要素流动的体制机制障碍，更好汇聚人才、资金、技术、信息等创新要素，既要促进粤港澳三地内部的创新要素高效便捷流动，也要积极吸引全球各类创新要素资源；二是做大做优做强科技城、科学城、高新区、高新技术产业基地等产业创新发展平台和载体，应有新谋划新布局新举措，在原始技术创新、企业创新、产业创新和研发成果转化等方面狠下功夫；三是对标和借鉴国际一流湾区的先进创新发展模式，协同推动创新体系、产业体系和营商环境建设，推动构建具有国际竞争力和影响力的创新发展新生态，打造创新发展共同体。

小贴士　四大中心城市定位

城市	功能	方向	定位
香港	巩固和提升国际金融、航运、贸易中心和国际航空枢纽地位，强化全球离岸人民币业务枢纽地位、国际资产管理中心及风险管理中心功能	推动金融、商贸、物流、专业服务等向高端高增值方向发展，大力发展创新及科技事业，培育新兴产业，建设亚太区国际法律及争议解决服务中心	更具竞争力的国际大都会
澳门	建设世界旅游休闲中心	建设中国与葡语国家商贸合作服务平台	以中华文化为主流、多元文化共存的交流合作基地

续表

城市	功能	方向	定位
广州	充分发挥国家中心城市和综合性门户城市引领作用，全面增强国际商贸中心、综合交通枢纽功能	培育提升科技教育文化中心功能	国际大都会
深圳	发挥作为经济特区、全国性经济中心城市和国家创新型城市的引领作用	加快建成现代化国际化城市	具有世界影响力的创新创意之都

主题词 打造全球科技创新中心和高地

问：如何将大湾区打造成全球科技创新中心和高地，从哪些方面做才能更好地实现这个目标？

答：《规划纲要》把建设粤港澳国际科技创新中心作为首要任务。建设国际科技创新中心是大湾区建设的首要任务、重中之重，这是我们顺应全球科技创新大势，推动创新驱动发展战略的一个重要举措。粤港澳大湾区的综合创新优势明显，相比港澳的科技创新服务全球经济的优势，广东的改革开放和产业集群发展的优势也很突出，粤港澳大湾区有条件、有基础、有能力推动建设国际科技创新中心。同时，推动国际科技创新中心建设，也要适应全球发展的大势。

第一，全球新科技革命和产业变革方兴未艾，每天都有很多创新主体、创新成果出现。世界上无论是发达国家还是欠发达国家，都在积极推动各自的国家创新发展。推动粤港澳大湾区国际科技创新中心建设，就要瞄准全球科技创新发展的潮流大势，既要积极参与，也要主动引领。引领就是在推动全球科技革命的发展上，作出大湾区的贡献。

第二，推动粤港澳大湾区国际科技创新中心建设，关键在于科技创新，它是一个综合性的创新概念，即以科技创新为引领，同时带动三地的协同创新，包括企业产业创新、发展模式创新等。

第三，推动国际科技创新中心建设，需要抓手、载体、平台。《规划纲要》提到，要加快推动广深港澳科技创新走廊建设。广深港澳科技创新走廊的建设应该是粤港澳大湾区建设国际科技创新中心的重要抓手。在科技创新走廊中，有很多重要的产业园区、科学城、知识城，都是重要的合作平台，一定要发挥这些平台载体在科技创新、产业创新、企业创新等方面的核心带动和引领作用。同时，在一些关键型技术、产业创新成果的研发转化方面，也要发挥平台载体的引领性、示范性和带动性作用。在推动粤港澳大湾区国际科技创新中心建设上，要以一个更加开放和合作的态度，不仅要依靠核心城市，还要依靠大湾区内的所有城市，甚至包括全国的力量来推动。

第四，推动粤港澳大湾区国际科技创新中心建设，重点在于环境优化和发展，包括政策环境、人文环境、创新的文化环境，把创新链、产业链和政策链融合进来，才会更好地推动科技创新，更好地推动科技创新成果的转化应用。把科技创新中心建设推进到一个更高水平、更高层次，才能够引领粤港澳大湾区甚至全国的高质量发展，为全球经济增长和科技创新作出大湾区的贡献。

主题词　优化区域创新环境至关重要

问：如何优化粤港澳大湾区的创新环境？

答：创新是推动区域发展的根本动力，怎么理解创新？过去狭义的理解，把创新理解为科技；现在所讲的创新，是多维的、多领域的一种综合性的概念。创新有不同的层面，包括科技创新、制度创新、管理创新，甚至还包括品牌的创新。过去珠三角体制创新已经走在全国的前列，但在科技创新方面我们走了一些弯路。曾经我们主要是靠"三来一补"，那些产品的技术含量相对较低，有一些现在仍然主要靠贴牌，缺乏品牌。2008年国际金融危机之后，珠三角很快进行产业转型升级。通过这些年的发展，珠三角逐步在向创新引领区域经济发展的方向转变。因此，要促进粤港澳大湾区的高质量发展，一个根本的动力还是要靠创新，要从多方面来优化创新环境。

第一，全面深化改革，为创新创造一个更好的环境。在创新的体制机制改革方面，我们要进行大胆探索，为科技制度的创新提供一个好的环境，为发展释放改革的红利。

第二，制定相关政策，形成一个政策的洼地，加快推动科技创新成果的转化。这实际上是一个很大的问题，过去我们整个国家包括粤港澳大湾区，有很多科技成果没有得到很好的转化。要通过体制的改革、政策的设计来创造有利条件，促进科技成果的转化在本地落地生根，包括香港、澳门的科技成果，甚至京津冀、长三角的科技成果，国外的科技成果，怎么能够在粤港澳大湾区落地开花，十分重要。

第三，为保护知识产权更好地运用创造一个好的条件。过去我们对知识产权的保护没有给予足够重视。要发展经济，要参与全球竞争，在这种大环境下，一定要重视知识产权的保护。创新有风险，而且要有大量的投入，研发的时间很长，能否回报不确定。通过知识产权的保护制度激励科研公司、社会资本投入研发中，通过保护知识产权来刺激创新。

第四，科技创新应该有分工。一些有理论创新基础的城市，可能会投入更多的力量来从事一些基础的研究，也会投入相当的力量来搞应用的研究，但是，一般的中小城市，下面的节点城市小城镇，不可能用很多的力量来搞基础研究，更多的是应用型的研究。从企业的角度来看，实际上这种研发投入、创新能力，是跟企业的规模有关，它是一个优质型的关系。为什么说是优质型的关系？比较大的企业有能力或者愿意用更多的资金来投入研发，所以它的研发投入占销售收入的比重相对就比较高。有一些科技型的中小企业尤其是小企业，它的研发投入占销售收入的比重也是很高的，但相反比重比较低的是一些中等规模的企业。从国际的经验来看，一些大的企业和一些专业型的或者科技型的小企业在研发中起到十分重要的作用。

主题词 三大科技创新中心各有侧重

问：怎么认识《规划纲要》中提出建设粤港澳大湾区国际科技创新中心？这与北京、上海科技创新中心有什么区别？

答：《规划纲要》明确提出了粤港澳大湾区要建设具有全球影响力的国际科技创新中心，这充分考虑到了粤港澳三地在科技创新、产业发展、全球资源配置等方面的有利条件和能力，是中央赋予大湾区新时代发展的重大新使命，是打造国际一流湾区的重要支撑。粤港澳大湾区建设能够更好地推动香港、澳门融入国家创新体系；有利于更好利用香港、澳门的科技研发、服务经济和对外开放条件，积极吸引和对接汇聚全球创新资源；有利于促进发挥广东的产业集群与创新优势，持续推动产业创新升级。通过粤港澳三地深度合作，联手打造区域协同创新共同体、高水平科技创新载体平台，加快形成以创新为动力和支撑、以新技术新产业新业态新模式等新经济为主要内容的现代化经济体系，共同推动建设全球科技创新高地和新兴产业重要策源地。

从各地发展基础特点和国家创新发展的全局来看，北京、上海和粤港澳大湾区在科技创新中心建设方面，在目标、功能和路径上各有侧重。例如，北京重在发挥科教和研发资源优势，提升原始创新、基础创新、理论创新能力；上海重在发挥总部经济和综合创新优势，侧重在制造业创新发展领域突出全球影响力；粤港澳大湾区则要充分发挥粤港澳三地各自创新优势和产业体系完备条件，更加突出增强创新协同力、企业创新力、创新成果转化应用效果等。

主题词　科技成果转化率相对较低

问：由于一些客观存在的原因，粤港澳大湾区的科技成果转化率与世界其他知名湾区相比，仍存在一定差距。下一步应如何缩小差距呢?

答:这与我们所处的发展阶段有关系,我们既要承认差距,在提高科技研发成果转化率上继续多做工作,也要认识到我们积蓄了力量,这是一个厚积薄发的过程。科技创新成果的转化需要更多地依靠市场力量来推动。如何鼓励和引导科研机构更多通过市场机制作用发挥参与到成果转化过程中,十分重要。未来可以推动各类科技研发主体、制造企业、金融机构等深度对接合作,这个过程要发挥各类市场主体的主导作用,既要有系统性的路径设计,也要有针对具体科研成果转化的"一对一"方案,加快贯通要素链、产业链和政策链,促进创新链、资金链、产业链和政策链深度融合,全产业链链条打通之后,科技研发成果转化就会有一个很好的输出渠道。此外,也要更好地发挥政府作用,减少不必要的行政干预,积极打造法治化、国际化、便利化的高品质营商环境,在知识产权保护、创新资源汇聚、信用体系建设、国际市场规则对接等方面创造更好的市场环境。

小贴士　世界著名湾区

纽约湾区:金融湾区,美国七大银行中的六家,世界金融、证券、期货及保险和外贸机构等近 3000 家机构总部聚集于此。

旧金山湾区："金融＋科技"特色明显，产业结构中，金融保险、房地产、贸易和信息产业规模总和占比超过1/3，且增速较快。

东京湾区：服务业发达、工业基础雄厚，金融业与湾区产业也始终存在密切的依存关系。产业结构中，服务业占75％以上，制造业和建筑业占20％以上，并聚集了三菱日联银行、三井住友银行和瑞穗银行三大金融集团，以"日本制造"闻名的日资世界500强和本地龙头制造业公司总部均聚集于此。

第五章

互联互通是基础

肇庆　　广州　　惠州
　佛山　　东莞
江门　中山　　深圳
　珠海　　香港
　澳门

　　"好马配好鞍"，粤港澳大湾区要实现腾飞发展，必定需要更加完善的基础设施。基础设施的互联互通是大湾区发展创新和深度融合的前提。对标富有活力和国际竞争力的一流湾区与世界级城市群，基础设施的互联互通既是发展的先决条件，也是有力支撑。打通粤港澳大湾区内 11 座城市的基础设施脉搏，实现互联互通，将进一步加速资源要素流动，为粤港澳大湾区的发展插上腾飞的"翅膀"。《规划纲要》明确提出加快基础设施互联互通，构建现代化的综合交通运输体系；优化提升信息基础设施；建设能源安全保障体系；强化水资源安全保障。本章主要解答了未来大湾区内现代化的综合交通运输体系、深中通道对于周边及总体的带动作用、信息化建设的重大意义与必要措施、保障能源安全体系、水资源安全带来的挑战及解决路径等问题。

主题词 加快完善现代化综合交通运输体系

问：未来粤港澳大湾区要构建现代化的综合交通运输体系的亮点都有什么？

答：打造粤港澳大湾区的交通基础设施对大湾区的发展是十分重要的，就目前而言，大湾区已经初步形成了一个比较好的交通基础设施的条件。

第一，对于综合交通运输体系的愿景是构建"三网一中心"。所谓的"三网"就是海陆空线网通道，"一中心"就是世界级的物流中心。有"5+2"的机场群、4个国际航空枢纽和11个港口，对这些基础设施的能力如何协同使用，差异化匹配，都有描述。

第二，从几个维度构建了一个立体的网络。比如对国际的是海空航向，对内的是市内公交，在内部构建一小时生活圈和半小时通勤圈，形成一个轨道大湾区。

第三，要构建六条大通道，发挥辐射带动作用，带动整个大的区域，包括西南、华南，甚至是对东南亚的辐射带动。这样一个大区域必须有多条通道，这些硬连接要做好。

第四，除了要做好硬连接以外，还要做好软连接，做好服务体系的标准对接。港珠澳大桥有三个标准，不仅仅是互联互通的问题，更多的是规则制度的整合和对接。

主题词 **发挥深中通道带动作用**

问：深中通道的建成未来对珠江东西岸的发展，包括对整个粤港澳大湾区的建设，有什么样的带动作用？

答：粤港大湾区发展不平衡不充分的问题也非常突出，表现为珠江东岸和珠江西岸差别很大，无论是人口还是GDP，很大程度上是因为过江通道。以前，过江通道只有一个虎门大桥，它当时设计的日标准通车是10万辆，现在高峰达到19万辆，非常拥堵。南沙大桥的开通，使拥堵在一定程度上有所缓解。如果把深中通道建成了，对于推动要素的便捷流动将起到直接的作用，同时助推东岸的创新向西岸辐射。这就会拉动周边的发展，不仅可以带动粤西的发展，而且可以带动西南、华南地区的发展，所以深中通道对于整个珠三角的辐射带动作用非常大。以中山为例，中山以前能被直接辐射的只能是广州，周边其他城市都向东莞、惠州辐射，深中通道打通之后，中山和深圳基本同城化。以前中山去深圳要坐船，现在通勤时间从两小时变成了30分钟，中山就有可能成为深圳的后花园，深圳的一些优势产业就可以直接向中山辐射，因为中山的土地成本、用工成本更低。现在也面临一个情况，如果深中通道打通，而中山没有率先作为，不未雨绸缪，这些资源就很有可能"越过家门"被更多地吸引到阳江去。所以在这种情况下，中山也要事先做一些谋划，比如在营商环境构造、产业配套等方面都要做出一些改变。

小贴士　深中通道

深中通道项目是国务院批复的《珠江三角洲地区改革发展规划纲要（2008—2020年）》确定的建设开放的现代综合运输体系中的重大基础设施项目，其中深中通道被编为G2518国家高速公路。它是连接广东省深圳市和中山市的大桥，是世界级超大的"桥、岛、隧、地下互通"集群工程，路线起于广深沿江高速机场互通立交，与深圳侧连接线对接，向西跨越珠江口，在中山市翠亨新区马鞍岛上岸，终于横门互通。全长约24千米，预计2024年建成通车。

主题词　优化提升信息基础设施

问：信息化建设对粤港澳大湾区有何意义？如何优化提升信息基础设施？

答：信息基础设施，包括新一代互联网、新一代通信网等，是构筑智慧城市群、智慧交通、智慧能源、智慧市政、智慧社区及数字经济服务的基础。比如新一代的5G技术，对于硬件设施的要求更高，需要无线基站的布点更密集，如果信息基础建设不达标，就无法提供更安全优质的服务。

《规划纲要》明确指出，要推进粤港澳网间互联宽带扩容，全面布局基于互联网协议第六版（IPv6）的下一代互联网，推进骨干网、城域网、接入网、互联网数据中心和支撑系统的 IPv6 升级改造。加快互联网国际出入口带宽扩容，全面提升流量转接能力。推动珠三角无线宽带城市群建设，实现免费高速无线局域网在大湾区热点区域和重点交通线路全覆盖，实现城市固定互联网宽带全部光纤接入，建设超高清互动数字家庭网络。

粤港澳大湾区要建成智慧城市群。推进新型智慧城市试点示范和珠三角国家大数据综合试验区建设，加强粤港澳智慧城市合作，探索建立统一标准，开放数据端口，建设互通的公共应用平台，建设全面覆盖、泛在互联的智能感知网络以及智慧城市时空信息云平台、空间信息服务平台等信息基础设施，大力发展智慧交通、智慧能源、智慧市政、智慧社区。推进电子签名证书互认工作，推广电子签名互认证书在公共服务、金融、商贸等领域应用，共同推动粤港澳大湾区电子支付系统互联互通。在通信资费方面，多措并举实现通信资费合理下降，推动降低粤港澳手机长途和漫游费，并积极开展取消粤港澳手机长途和漫游费的可行性研究，为智慧城市建设提供基础支撑。

粤港澳大湾区要提升网络安全保障水平。加强通信网络、重要信息系统和数据资源保护，增强信息基础设施可靠性，提高信息安全保障水平。积极推动先进技术在香港、澳门、广州、深圳等城市使用，促进保密通信技术在政府部门、金融机构等的应用。建立健全网络与信息安全信息通报预警机制，加强实时监测、通报预警、应急处置工作，构建网络安全综合防御体系。

在产业方面，《规划纲要》还提出，要推动新一代信息技术、生物技术、高端装备制造、新材料等发展壮大，为新支柱产业在新型显示、新一代通信技术、5G 和移动互联网、智能机器人、3D 打印、北斗卫星应用等重点领域培育一批重大产业项目。

《规划纲要》发布以来，大湾区城市启动智慧联通，从交通、就医、置业、电子支付、教育等生活细微处入手，涵盖民生方方面面——广东推出全国首个跨境公交金融 IC 卡项目和跨境住房按揭贷款试点，创新多币种支付的大湾区主题借记卡、信用卡；港澳居民可凭出入境证件便捷办理运输、金融、通信、教育、医疗等 30 多项公共民生服务，在湾区生活从"人生地不熟"到"轻车又熟路"。可以预见，粤港澳大湾区将成为全球信息技术产业的高地。

小贴士 前沿科技为粤港澳大湾区融合发展创造条件

2020 年 3 月 6 日，阿里研究院与 21 世纪经济研究院联合发布的《2020 粤港澳数字大湾区融合创新发展报告》显示：珠三角九市数字经济指数呈现出明显的"两核多梯次"分布体系。深圳在九市的数字经济指数排名中居首，与广州共同组成第一梯队，两座城市的数字经济发展总得分均超过了 80 分。得分超过 50 分的城市为东莞、佛山和珠海。凭借在数字政务、数字民生领域的优异表现，珠海成功进入了珠三角数字经济发展第二梯队。以数字技术为代表的前沿科技飞速发展及应用，为三地融合发展创造了更加便利的条件，直接促进了三地要素的自由流动，尤其是在生活领域改变十分明显。

主题词 建设能源安全保障体系

问：粤港澳大湾区如何保障能源安全体系的建设？

答：粤港澳大湾区终端能源消费以电力为主，能源的消费总量处于上升态势，尤其是珠三角地区增速较为明显。我国目前是世界上最大的原油消费国和进口国。因此，建设一个能源安全保障体系应该从以下几个方面着手。

第一，优化能源供给格局。首先是要推进天然气和可再生能源的利用；其次是要有序开发一些风能建设，在海洋有序的开发；再次是要因地制宜地发展一些太阳能、生物质能等新能源；最后是要安全高效的发展核电，注重煤炭的清洁高效利用。

第二，优化能源的储运体系。周边地区和大湾区、大湾区内部的通道，特别是一些主干规模网络要建设得比较好，这样能够完善城镇之间的配电网，提高电网输电能力，同时降低风险。珠三角是一个经济重地，一些大型的石油储备建设应该进一步加强。

第三，优化一些国家骨干天然气管网布局的配套建设，扩大油气管道的覆盖面，提高油气的储备和工业能力，同时推动国家煤炭储备基地的建设。此外，还要完善广东对香港、澳门的输电、供气管道，确保香港和澳门的能源供应安全和稳定。

主题词 强化水资源安全保障

问：水资源安全保障对粤港澳大湾区发展意味着什么？是否需要加强这方面的工作？

答：粤港澳大湾区以全国不到1%的国土面积、5%的人口总量，创造出全国约 12% 的经济总量，是人口、经济发展密集地区，生产、生活和生态用水需求量大，加强水资源安全保障非常重要，这方面的工作不能放松。一是继续完善水利基础设施建设，适时推动研究新建饮用水源地，加强备用水源安全保障，做好蓄水调水工作，保障珠三角各城市及港澳的供水安全。二是加强水资源制度建设，在节水、调水等方面建立健全体制机制。三是粤港澳大湾区水系发达，水利防灾减灾任务重，要加强完善防洪（潮）排涝体系建设，特别是要解决城市内涝问题。四是加强粤港澳三地在水科技、水资源节约利用等方面的交流合作，共同应对水资源安全保障。

主题词　水安全问题的挑战与保障

问：目前粤港澳大湾区的水资源、水生态、水灾害等新老问题情势与应对保障能力还存在一定的薄弱之处，加强粤港澳大湾区水安全保障，已成为关乎粤港澳大湾区建设成败的关键。目前，粤港澳地区水安全问题主要有哪些挑战？应如何应对这一挑战来强化水资源安全保障？

答：粤港澳大湾区属于亚热带季风气候，丰沛的降水形成了密布的河网，汇集了西江、北江、东江和众多中小河流，河网密度高达 0.83km/km²，是全国平均水平的五倍还多；加之区域内还有珠江河口、大亚湾、广海湾、北海湾等，提供了丰富的水资源，同时也带来了一些水安全挑战。

第一，防洪防潮排涝存在薄弱环节，部分区域防洪防潮标准偏低，甚至局部地区仍未达标；受自然地理环境条件的制约，加之降雨、台风、外江洪水以及潮水顶托，深圳、广州等城市内涝严重。因此，要强化城市的内部排水系统和蓄水能力建设，建设和完善澳门、珠海、中山等防洪（潮）排涝体系，有效解决城市内涝问题。

第二，供水安全保障程度有待加强。香港、东莞、深圳、惠州供水主要依靠东江，中山、珠海、澳门、佛山、江山、肇庆主要依赖西江，城市应急备用水源不足，枯水期咸潮上溯等问题更加威胁供水安全。应该加快推进珠三角水资源配置工程和对澳门供水管道建设，加强饮用水水源地和备用水源安全保障达标建设及环境风险防控工程建设，保障珠三角以及港澳地区的供水安全。此外，切实加强粤港澳水科技、水资源的合作交流。

第三，水安全保障的体制机制有待完善。粤港澳三地防洪防潮、水污染治理、水生态修复还没有形成多层次、多区域的大数据平台与机制，涉水事务监控与水灾预警的技术不高。鉴于此，要加强珠江河口水文水资源监测，共同建设灾害监测预警、联防联控和应急调度系统，提高防洪防潮减灾应急能力。在体制机制等方面要不断创新，积极开展湾长制与河长制相结合的水管理机制创新，建立粤港澳水安全联席会议制度，定期就加强台风暴潮信息共享、联合预警预报平台建设等重要涉水问题进行磋商。

肇庆　　　广州　　　　惠州
　　佛山　　　东莞

江门　中山　　　深圳

　　　珠海　　　香港
　　　　澳门

第六章

现代产业体系是关键

粤港澳大湾区经济发展水平全国领先，经济互补性强，集群优势明显，科技研发、转化能力突出，创新要素吸引力强，有利于建成具有国际竞争力的先进制造业和现代服务业基地，建设世界级产业集群。《规划纲要》提出构建具有国际竞争力的现代产业体系，在加快发展先进制造业和培育壮大战略性新兴产业的同时，大湾区还将加快发展现代服务业与大力发展海洋经济，形成"四轮驱动"的格局。本章主要解析了粤港澳大湾区的产业发展方向、全面提升大湾区金融中心功能、培育壮大战略性新兴产业、着力发展海洋经济、深圳进一步开放金融的举措、深圳发挥科技创新的引领作用、推动中山市生物医疗科技领域创新、东莞如何发展世界级产业集群等一系列问题。

主题词 粤港澳大湾区产业的发展方向

问：科技成果转化最终还是要依赖产业发展、促进产业发展，通过产业发展来体现，粤港澳大湾区未来主要发展哪些产业？

答：《规划纲要》明确提出构建具有国际竞争力的现代产业体系，既充分依托已有产业发展基础，也考虑到了未来产业发展趋势，还兼顾了产业发展的新增长点。主要包括以下重点产业领域。

一是推动互联网、大数据、人工智能与实体经济深度融合，加快特色优势产业创新升级，提升先进制造业国际竞争力。整个粤港澳大湾区的创新资源优势集中在一些重要的功能区里，有利于促进重点领域的创新突破，形成更具国际竞争力的现代化产业体系，未来创新资源的集聚对于创新驱动的发展会有极大的推动作用。

二是顺应全球新科技革命和产业变革新趋势，依托港澳广深等城市的创新优势和高新技术产业基础，发挥国家级新区、国家高新区等高端要素集聚平台作用，积极培育壮大战略性新兴产业。

三是发挥港澳在服务经济方面的独特优势和带动作用，促进国际金融、商务服务、流通服务、人力资源服务等生产性服务业专业化水平并积极向价值链高端延伸，同时加快提高文化旅游、健康服务、养老服务等生活性服务业质量，加快构建现代服务业体系。

四是积极拓展蓝色经济空间，坚持陆海统筹、科学开发，构建现代海洋产业体系，打造成为经济发展的新增长点。

总体上，在产业规划引导上，体现了"四个"着眼，即着眼于科技创新引领驱动的产业发展导向，着眼于内部更好地分工协作，着眼于更加积极主动参与全球产业合作竞争，着眼于服务现代经济体系建设与支撑高质量发展。

小贴士 粤港澳大湾区 11 市发展特点

香港	·国际金融、贸易、物流、资产管理中心
澳门	·世界旅游休闲中心、中葡国家商务合作服务平台
深圳	·国际创新服务、科技、产业创业中心
广州	·高水平对外开放门户枢纽，华南重工中心
东莞	·国际制造中心
珠海	·港澳市场及创新资源＋珠江空间与平台
中山	·珠江西岸区域科技创新研发中心
佛山	·制造业创新中心
江门	·国家级先进制造业基地，沟通粤西与珠三角
惠州	·绿色化"现代山水城市"
肇庆	·传统产业转型升级齐聚

主题词 全面提升大湾区金融中心功能

问：为什么说金融是粤港澳大湾区最重要的产业之一？

答：推动大湾区融合发展，金融是重要的依托和推手。粤港澳大湾区中，香港是重要的金融中心，澳门对外开放水平也比较高，广州、深圳的金融服务体系相对健全，所以说有四个中心城市的支撑和带动，粤港澳大湾区的金融地位显而易见。因此，在大湾区的建设过程中，要把它打造成国际重要的金融中心，应该说潜力巨大、前景广阔，这也是国内外社会各界，包括相关的市场主体关注的焦点。

粤港澳大湾区在金融业发展当中，应包括以下方面：第一，金融市场互联互通；第二，湾区建设发展相关配套支持，比如基础设施建设、产业转型升级、新兴产业还有湾区的财富管理，以及未来大湾区和"一带一路"协同配合，走出去的金融服务、走出去的市场等方面，湾区在金融业发展这方面的前景非常广阔；第三，防范金融风险，推动大湾区金融业发展，金融枢纽地位的提升，《规划纲要》中明确提出，防范金融风险是粤港澳大湾区金融发展、提升金融地位一个十分重要的体现。

《规划纲要》发布以来，一系列开放创新的金融政策措施不断出台，服务于大湾区实体经济和民生发展，在打通人流、物流、资金流等方面扮演重要角色。2020 年 5 月，中国人民银行、银保监会、证监会、外汇局发布《关于金融支持粤港澳大湾区建设的意见》，从促进跨境贸易和投融资便利化、扩大金融业对外开放、促进金融市场和金融基础设施互联互通等方面提出 26 条具体措施。随后，广东省发布 5 个方面 80 条举措，深化内地与港澳金融合作，加大金融支持大湾区建设力度。这些政策措施涵盖个人、企业、金融机构不同层面，将为大湾区内的金融机构提供更多业务拓展空间。

小贴士

　　金融科技与智慧金融、跨境金融等将是粤港澳三地金融协同创新发展的重要内容。2020 年 3 月 5 日，21 世纪经济研究院与阿里研究院共同发布的《2020 粤港澳数字大湾区融合创新发展报告》显示，在移动支付和个人账户结算方面，支付宝香港钱包已有用户 200 万人，平均每 3 个香港人就有 1 个在使用，香港线下商家接入数超 5 万。2019 年 3 月起，AlipayHK 拓展至粤港澳大湾区内地城市，数十万大湾区内地商铺接受用户使用 AlipayHK 支付；2019 年 7 月起，AlipayHK 进一步获准在全大陆地区通用。这意味着，数百万香港居民通过支付宝香港钱包已与内地移动电子支付体系实现无缝对接，通过移动电子支付能够享受与内地居民大致相同的便捷消费体验。

主题词 培育壮大战略性新兴产业

问：大湾区应该如何培育壮大战略性新兴产业？

答：战略性新兴产业，也是新的产业革命，是全球金融危机之后，从中等收入国家向发达国家转变的背景下，提出的一个概念。战略性新兴产业是大湾区过去经济实践或者国家的抉择，现在需要进一步扩大战略性新兴产业的优势，形成更大、更强，甚至全球性的优势，这对大湾区建设意义重大。

第一，战略性新兴产业需要有好的环境。营商环境是可以评估的，现在就广东来讲，整个大湾区的营商环境排名比较靠前，但跟发达国家相比还有很大差距。通过放管服、深化供给侧结构性改革、政府机构改革，营造最好的环境，鼓励创新创业。战略性新兴产业的一大特点就是创新，而创新不能没有好的环境，2019年政府工作报告中提到监管，跟传统监管不同，强调比较宽松的监管，这属于新的监管方式。

第二，产业链要集成发展。发展不能孤军作战，需要集成，装备制造业、新兴产业装备制造业，就像基层员工，还要形成链条，协同发展。

第三，产学研一体融合发展。战略性新兴产业的核心是创新，要想提高其创新发展能力，形成世界一流创新发展机制，在整个大湾区，就要把科技资源、企业、市场结合起来，产学研一体化融合发展，才可以形成战略性新兴产业的大发展效率。

第四，金融业的创新驱动。战略性新兴产业是一个创新型的发展，创新的支持就要靠金融，所以创新驱动、高质量发展、新兴产业发展的一个最重要经验，就是拥有强大的金融市场。大湾区里有两个金融市场：一个是深圳股票交易所，另一个是香港，具有金融业上的优势。关键问题是怎么去用市场来支持创新和支持新兴产业发展。如果战略性新兴产业没有金融创新，没有金融创新强大的持续，很难形成气候。

有以上四个方面优势的结合，势必能够助推大湾区发展战略性新兴产业，成为真正的全球高地。

小贴士　新兴产业

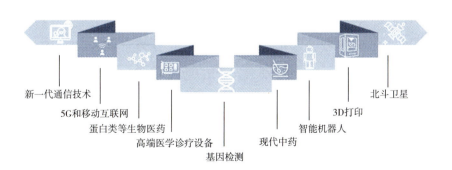

新一代通信技术
5G和移动互联网
蛋白类等生物医药
高端医学诊疗设备
基因检测
现代中药
智能机器人
3D打印
北斗卫星

主题词 着力发展海洋经济

问：未来如何在大湾区发展海洋经济方面着力？

答：把海洋经济和先进制造业、现代服务业和战略性新兴产业并列，放在具有国际竞争力的现代产业体系里面，先进制造业、战略性新兴产业、现代服务业是二、三产业，海洋经济是一、二、三产业都包含着。大湾区的基色是蓝色，21世纪丝绸之路的基色也是蓝色。大湾区是"一带一路"的战略支撑，海洋经济从很大程度上可以发挥很好的支撑作用。在建设海洋强国的过程中，理所当然要从海洋经济入手。

首先，推动工厂科技下海。因为大湾区有很好的制造业和电子信息产业基础，而这些恰恰是海洋经济的短板。以前，海洋经济强调海洋牧场，更多的是地产的概念，但现在结合大湾区的产业本体，依托大湾区雄厚的电子信息产业基础，可以在海洋环境信息监测，海底资源勘探方面做出一些尝试。例如，在海上密闭、潮湿的环境，对无人机、无人船的需求是刚性的，无论是在抢险救灾、环境监测，还是国防方面无人机、无人船等都有广阔的应用前景，所以重点是推动陆上科技下海。

其次，提高海洋产业的价值链。结合港澳优势，特别是香港在金融、航运服务等方面的优势，可以加强港澳的高端服务业，从而提高整个海洋产业的附加值。发展海洋经济有两个城市非常关键：一个是深圳，另一个是香港。支持深圳建设全球海洋中心城市，这个定位非常高。客观地说，以前的产业发展更多的是陆运，海域的发展相对弱一点。现在依托大湾区这个平台，下一步可以重点发展海域。香港的海域很小，但是香港在海洋经济基础研究领域有创新优势，在海洋生物医药方面虽有优势，但是无法转化，所以就需要将深圳、香港、澳门、珠海等地联合，形成一个海洋协同发展区，把香港的科研优势在协同发展区域内转化。

对标大湾区来看，大湾区现在是"3+6"的平台体系，3个重点平台，6个特色平台，都是陆域的平台，没有海域的平台，下一步如果要发展海洋，就要构建一个海域系统的发展平台，这非常重要。

小贴士 海洋经济

2003 年 5 月，国务院发布的《全国海洋经济发展规划纲要》中，给出了一个政府认可的相对权威的海洋经济定义，认为海洋经济是开发利用海洋的各类海洋产业及相关经济活动的总和。

主题词　进一步开放金融的举措

问：未来深圳主要是以证券市场为核心，在进一步地开放金融方面，它都可以有哪些举措？

答：要进一步办好深圳证券交易所，包括中小企业板、创业板等，就要加强对上市公司的财务披露透明度，以及对它的监管，使在深圳证券交易所上市的企业对国内投资者能够产生更大的吸引力。目前，我们过度依赖间接融资，即依靠银行贷款，直接融资是国内金融机构的短板，直接融资的比例太低，就是说经济的证券化率比较低。所以，要通过深圳资本市场的发展，为企业筹集更多资本金，降低企业的融资成本。

将来兑换人民币成为国际储备货币和交换结算的货币是一个必然的趋势，既要发挥香港的作用，使香港成为人民币最大的海外结算中心，又要充分发挥前海作为一个金融特区的作用。随着对外开放步伐的加快，建设自由贸易区，货币的自由兑换是一个必然趋势，特别是在资本项目下。希望前海能够积累一些经验，通过资本市场的发展为粤港澳地区的发展提供强大的支撑力量。

小贴士

目前，中国大陆有两家证券交易所，即 1990 年 12 月 1 日成立的深圳证券交易所和 1990 年 12 月 26 日成立的上海证券交易所。深圳证券交易所（Shenzhen Stock Exchange 缩写 SZSE），简称"深交所"，是为证券集中交易提供场所和设施，组织和监督证券交易，履行国家有关法律、法规、规章、政策规定的职责，实行自律管理的法人。

主题词 如何发挥科技创新的引领作用

问：在粤港澳大湾区建设过程当中，深圳如何更好地发挥科技创新的引领作用？

答：在粤港澳大湾区中，深圳是最富有创新力的城市，《规划纲要》明确指出，深圳作为创新创意之都，要发挥其作为经济特区、全国性经济中心城市和国家创新型城市的引领作用，加快建成现代化国际化城市，努力成为具有世界影响力的创新创意之都，这就是《规划纲要》对深圳在整个大湾区所处地位的描述。那么，如何发挥深圳的创新能力优势，进而在整个大湾区起到引领作用，应注意以下几点。

第一，深入实施创新驱动战略，发挥深圳在构建开放型区域协同创新共同体中的作用。《规划纲要》明确指出，要构建开放型区域协同创新共同体，推进广州深圳香港澳门科技创新走廊建设，而且要探索有利于人才、资本、信息、技术等创新要素跨境流动和区域融通的政策举措，共建粤港澳大湾区大数据中心和国际化创新平台。深圳在整个粤港澳大湾区、在全国甚至在全球，都是最富有创新活力的城市，要发挥深圳的优势和作用。

第二，发挥好深圳在打造高水平科技创新载体和平台中的作用。《规划纲要》明确提出，要加快推进大湾区重大科技基础设施，交叉研究平台和前沿学科建设，着力提升基础研究的水平。在建设平台过程中，要重视发挥深圳的引领作用。《规划纲要》也明确提出，支持落马洲河套地区、港深创新及科技园、毗邻的深方科技园区建设，共同打造科技创新合作区，建立有利于科技产业创新和国际化的营商环境，实行创新要素的便捷有效流动。要贯彻落实《规划纲要》的精神，必须打造高水平的科技创新载体和平台，在打造整个大湾区科技创新载体和平台过程中，要注重发挥好深圳的作用。

第三，在构建具有国际竞争力的现代产业体系中，发挥深圳在创新方面的引领作用。通过深化供给侧结构性改革，着力培育发展新产业、新业态、新模式，要支持传统产业改造升级，加快发展先进制造业和现代服务业，瞄准国际先进标准，提高产业发展水平，促进产业优势互补，紧密协作联动发展，培育若干世界级的产业集群。在这个过程中，深圳的科技创新基础较好，要发挥其产业集群、产业创新在整个粤港澳大湾区构建具有国际竞争力的现代产业体系中的作用。

第四，在培育壮大战略性新兴产业方面，发挥深圳科技创新的引领作用。依托包括深圳在内的中心城市的科研资源、优势和高新技术产业基础，充分发挥国家级新区、国家自主创新示范区、国家高新区的作用，发挥深圳作为国家创新型城市的带动作用，联合打造一批产业链完善、辐射带动力强、具有国际竞争力的战略新型产业集群，增强经济发展的新动能。

第五，发挥深圳在优化区域创新环境，深化区域创新体制机制改革方面的引领作用。深圳是最富有创新力的城市，其体制机制最具有优势，包括人才高地的形成、创新平台的构建、共同体的打造和现代产业体系的确立等四个方面。高新区新产业的形成，最为关键的影响因素就是体制机制，要发挥好体制机制上的优势，深圳就必须在体制机制改革方面走在全国的前列。因此，要瞄准国际最先进，围绕完善社会主义市场经济体制这个中心，进一步深化改革完善市场经济体制，真正把区域创新的体制机制改革完善到位，创新引领作用才能够充分发挥。

小贴士　深圳 2020 年"成绩单"

　　虽受新冠肺炎疫情以及其他一些外部因素冲击和影响，但深圳经济表现出强大韧性——2020 年深圳全市地区生产总值达 2.77 万亿，同比增长 3.1%。深圳 GDP 增速在全国四个一线城市中仍稳居首位，稳中求进，势头不减。特别是受疫情影响，深圳第一季度经济一度出现负增长，在疫情得到控制后，深圳迅速推进复工复产、复商复市，以营商环境优化为抓手，释放出"报复性"增长强大动力，率先在全国实现正增长，并以增长率领跑展现出经济特区的"加速度"。2.77 万亿的GDP 规模也相当可观，稳居全国第三，在亚洲城市中排名前五，一个城市的经济体量甚至超过了"石油土豪"阿联酋，经济规模效应凸显，深圳资源配置能力不断提高，产业链供应链价值链上的话语权日益增强，核心引擎动能已然澎湃，为构建新发展格局当好重要节点夯实基础。

主题词 把创意产业打造出国际影响力

问：未来，深圳的创意产业怎样打造国际影响力？

答：创意产业是发达经济体的重要元素，深圳的创意产业极具潜力，可为深圳经济发展增添动力。深圳市政府印发《关于推动深圳创意设计高质量发展的若干意见》，要求进一步促进创意设计与实体经济深度融合，切实提高深圳创意设计整体质量水平和核心竞争力，持续提升城市综合实力和市民生活品质，在新时代打响"深圳设计"城市品牌，努力将深圳打造成具有世界影响力的创新创意之都。

首先，要进一步重视创意产业发展，就要创造更好的产业发展环境，包括人才聚集、融资条件等。应积极探索建立深港澳创意设计联盟，推动粤港澳大湾区创意设计合作圈建设，着力构建接轨全球的完整产业链和创新链。

其次，要抓住《规划纲要》实施的机遇。《规划纲要》明确提出，要支持深圳引进世界高端创意设计资源，大力发展时尚文化产业。要努力成为具有世界影响力的创新创意之都，就要加快创意产业的发展。因此，深圳要在创新创意方面加大支持力度，在已有基础之上，积极主动地引进世界高端资源，如大的高端创意产业和高端创意设计。

再次，要立足深圳，尤其要重视网络文化、数字文化装备、数字艺术展示等数字创意产业发展，推动数字创意在会展电子商务、医疗卫生教育、旅游休闲等领域的广泛应用。还要从整个大湾区来考虑，加强深圳与大湾区内其他地区在动漫游戏、设计创意产业等方面的合作，完善大湾区内文化创意产业体系。

最后，创意产业的发展实际上离不开整个大的现代服务业，要构建现代服务业体系，不能仅就创意发展创意，一定要放在发展现代服务业、构建现代服务业体系的大背景下去完善，进一步发展动漫产业。

主题词 推动中山市生物医疗科技领域创新

问：中山在生物医疗科技创新领域的基础是比较好的，未来它应该怎样推动这方面的创新？

答：《规划纲要》提到，要支持中山推进生物医药、生物医疗科技创新，应该说从 20 世纪 90 年代中期开始，中山医药产业发展的势头就越来越好，现在形成了生物制药、医疗器械、保健食品、化妆品、健康服务业、制药等多行业组成的、协同发展的产业集群，具有较好的基础。

生物医药产业已经成为中山市的支柱产业，它的发展应该依托两个平台：一个是中山国家健康科技产业园，另一个是香港的大学和广东的大学合作创新平台。中山国家健康科技产业园发展时间较长，已有几百家企业入园，现在已经形成包括中西药保健品、健康食品、医疗器械在内的医药包装材料的研究开发、临床应用、生产和销售一体的产业园区，应该依托这个园区来加强生物医药的产业发展。香港的大学和广东的大学合作创新平台比较新，要依托这个平台，加强与香港、广东、深圳医药产业方面的合作，培养一些新型研发机构，使医药机构不仅仅在制造方面强，也要在一些西药研发创新方面更强。依托这两个平台，可以比较好地跟国内外一些知名医疗机构和研究机构合作，提高其在医药行业的科技创新能力。

主题词 东莞如何发展世界级产业集群

问：未来东莞定位于世界级的产业集群，应该如何发力？

答：东莞在实体经济发展方面，特别是制造业和新兴产业培育方面有很多亮点和基础，在推进粤港澳大湾区建设世界级产业集群上，东莞要继续贡献力量，发挥作用。

首先，要把东莞的产业发展融入整个大湾区、全国乃至全球的产业发展大局当中。东莞非常有必要走出去，与周边地区产业配套协作，需要香港的金融服务，需要自由贸易试验区的配套政策引领和带动，也需要一些产业支撑和服务。

其次，东莞推动制造业转型升级、新兴产业培育发展是一个系统性工程，不仅仅是聚焦产业本身，还要打造优质的、国际化的营商环境，打造高品质生活圈，吸引人才、资本和战略投资者到东莞。

再次，东莞要推动发展产业集群，重要的是以开放视角或者全球视角，聚焦新科技革命、产业变革和新趋势，只有在这个大环境中，才能提升产业的体量、质量和价值链。把东莞的产业链放到整个湾区当中，放到全国乃至全球当中去谋篇布局，促进开放，推动东莞的产业向更高的价值链升级。此外，东莞推动产业发展，还要打造一些重要平台和载体，夯实产业园区载体平台作用，通过载体来推动产业集聚发展。东莞要围绕其主导产业建设，打造一批基于其主导产业的世界集群。

最后，要统筹科技创新中心、现代产业体系、营商环境以及高品质优质生活圈建设，为产业发展打造好的发展环境，汇聚好的更优质的产业要素。顺应全球新科技革命和产业变革的新趋势，在全球产业发展的大潮流与科技发展和变革的大趋势中，积极谋划新技术、新产业、新业态、新模式，促进产业融合发展，尤其是促进制造业服务化，服务业制造化。既要推动特色优势产业转型升级，提高竞争力，也要培育壮大一批战略性新兴产业，还要积极培育一些新的产业增长点。

肇庆　　　广州　　　惠州
　　佛山　　东莞

江门　中山　　深圳

　　珠海　　　香港
　　　澳门

第七章

这是个生态文明共同体

　　生态文明是实现人与自然和谐共生的必然要求，生态文明建设是关系中华民族永续发展的根本大计。党的十八大以来，以习近平同志为核心的党中央把生态文明建设作为统筹推进"五位一体"总体布局和协调推进"四个全面"战略布局的重要内容，开展了一系列根本性、开创性、长远性的工作，提出了一系列新理念、新思想、新战略，形成了习近平生态文明思想。"绿水青山就是金山银山"，良好的生态环境是促进粤港澳大湾区高质量、可持续发展的重要保障。粤港澳大湾区正着力提升生态环境质量，形成节约资源和保护环境的空间格局、产业结构、生产方式、生活方式，实现绿色低碳循环发展，使大湾区的天更蓝、山更绿、水更清、环境更美。《规划纲要》明确为推进生态文明建设，要着力打造生态防护屏障，加强环境保护和治理，创新绿色低碳发展模式。生态文明建设功在当代、利在千秋。本章主要解析推动生态文明建设的措施、打造生态防护屏障、加强环境保护和治理、解决"城市病"问题、创新绿色低碳发展模式等议题。

主题词 构建生态环境共同体

问：为牢固树立和践行"绿水青山就是金山银山"的生态理念，粤港澳大湾区应如何推进生态文明建设？

答：生态文明建设已经上升到国家战略层面，整个粤港澳大湾区若没有良好的生态环境和绿色生产服务体系，质量效率都会有缺陷。所以要重视生态文明建设，要坚持生态优先、绿色发展的理念。

第一，粤港澳三地一衣带水，生态系统的整体性和关联性决定了粤港澳大湾区城市群属于一个生态环境共同体。整个区域是一道屏障，比如大湾区中广东北边西边屏障要保护好，不然整个珠江下游的生态环境就会遭到破坏。

第二，绿色生产一定要跟上，从发展的角度来看，这一点非常重要，也是竞争力的一个重要方面。发展绿色经济，在吸引资金的同时，还要引进世界上最先进的绿色发展技术发展环保产业。现在已经形成了第三方治理的机制，即谁污染，谁付费，在这样一个市场机制下，发展环保产业有很大的空间，来满足整个粤港澳大湾区和全国绿色发展的需要。

第三，老百姓的小生态环境要好，吃得好住得好；生态环境也要好。可以说，从宏观区域的大生态环境，到产业的绿色生产，再到人民生活，对生态环境的要求都在不断提高。所以，大湾区建设的一个非常重要的共识，就是生态环境要越来越优美，这是一个基本的趋向。

小贴士 粤港区域环境合作机制架构

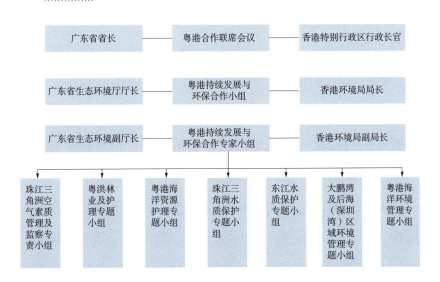

主题词 打造生态防护屏障

问：《规划纲要》提出大力推进生态文明建设，树立绿色发展理念。基于此，大湾区应如何更好地打造生态防护屏障？

答：从机遇的角度来看，粤港澳大湾区建设意味着广东地区和港澳地区更加一体化，交流合作进一步加深。广东地区既可以借鉴港澳地区的生态保护经验，在华南地区更好地开展生态防护工作；也可以吸取经验教训，在城市进一步现代化的过程中减少对环境的需求和压力。

一方面，要注重环境生态修复，实现经济效益、生态效益、社会效益的良性循环，促进可持续发展。《规划纲要》中提出，要实施重要生态系统保护和修复重大工程，构建生态廊道和生物多样性保护网络，提升生态系统质量和稳定性；要加强湿地保护修复，全面保护区域内国际和国家重要湿地，开展滨海湿地跨境联合保护；还要强化近岸海域生态系统保护与修复，开展水生生物增殖放流，推进重要海洋自然保护区及水产种植资源保护区建设与管理。

另一方面，保护与管控齐头并进。加强粤港澳生态环境保护合作，共同改善生态环境系统。加强珠三角周边山地、丘陵及森林生态系统保护，建设北部连绵山体森林生态屏障。推进"蓝色海湾"整治行动、保护沿海红树林，建设沿海生态带。划定并严守生态保护红线，强化自然生态空间用途管制。加强海岸线保护与管控，强化岸线资源保护和自然属性维护，建立健全海岸线动态监测机制。

主题词 对标国际一流湾区　加强环境保护和治理

　　问：粤港澳大湾区的生态环境虽然在国内算得上优良，但对标国际一流湾区仍存在一定的差距。接下来，应该从哪些方面发力来加强环境保护和治理？

　　答：《规划纲要》中八次提到环保，35 次提及生态，国家对粤港澳大湾区生态环保的重视程度可见一斑。

　　粤港澳大湾区环境治理中水系治理摆在重要的位置，珠江流域等水系治理将是未来重点。目前，大湾区珠三角九市仅 15 个黑臭水体仍在治理中。对标纽约、旧金山、东京三大世界级湾区，大湾区地表水黑臭水体占比 8.9%，而国际三大湾区已不存在地表水黑臭水体问题。粤港澳大湾区面临的环境压力着实较大，需要治水效率更高、见效更快、投资更省。《规划纲要》中提出，要重点整治珠江东西两岸污染，强化深圳河等重污染河流系统治理。

　　在生态环保领域，粤港澳大湾区的发展方向是国际一流湾区，要建设世界级城市群，打造新型国际化都市圈，宜居宜业宜游的优质城市生态环境是必备。由于工业企业众多，粤港澳大湾区在垃圾分类、垃圾焚烧、危废处置等固废市场的细分领域也呈现较为广阔的市场。深圳、广州等一线城市经济发展水平较高，钱多、人多、地少，垃圾处理系统要高度集约化，不能占用太多土地。

粤港澳大湾区空气质量与国际一流湾区水平差距明显，细颗粒物（PM2.5）年均浓度是同期国际一流湾区水平的三倍左右。因此，要深化对珠三角区域空气污染机理的研究，如珠三角区域大气污染源排放清单研究、区域大气污染机理研究、大气污染预测系统研究、大气污染控制技术应用示范研究等，继续加强大气污染防治的合作，完善区域空气质量监测网络。实施珠三角九市空气质量达标管理，强化粤港澳大湾区大气污染联防联控，实施更严格的清洁航运政策，实施多污染物协同减排，统筹防治臭氧和细颗粒物（PM2.5）污染。

主题词　创新绿色低碳发展模式　防治"城市病"

问：发达城市和城市群为应对"城市病"问题已经摸索出了较为成功的绿色低碳发展经验，粤港澳大湾区作为我国城市群发展的重要一极，并逐步向世界顶级城市群迈进，相应的绿色低碳发展规划需要进一步细化落实。粤港澳大湾区绿色低碳发展的现状如何？未来应如何进一步创新绿色低碳发展模式？

答：总体来看，粤港澳大湾区中粤、港、澳三地缺乏统一的政策标准体系，比如绿色建筑、低碳交通、节能低碳产品等方面都没有统一的建造、运行标准。在推进城市间绿色低碳协同发展方面有待强化，绿色低碳发展规划有待进一步布局。绿色低碳技术创新能力不足，绿色低碳城市能源供应和消费模式有待提升。在清洁低碳能源供应方面，香港等城市目前可再生能源发电还非常有限，清洁电力依赖输入核电。澳门终端能源消费量自 2009 年以来持续增加，几乎 100% 都来自化石能源或外购电，清洁低碳能源发展几乎没有起步。

因此，在整个大湾区内，要挖掘温室气体减排潜力，采取积极措施，主动适应气候变化。加强低碳发展及节能环保技术的交流合作，进一步推广清洁生产技术。推进低碳试点示范，实施近零碳排放区示范工程，加快低碳技术研发。推动大湾区开展绿色低碳发展评价，力争碳排放早日达峰，建设绿色发展示范区。

第一，做好绿色节能低碳宣传推广工作，开展节能低碳宣传培训，鼓励消费者购买能效等级高的用能产品，引导形成节能低碳绿色的消费方式，减少奢侈型、浪费型消费。广泛开展绿色生活行动，推动居民在衣食住行游等方面加快向绿色低碳、文明健康的方式转变。

第二，完善绿色低碳发展模式体系建设。《规划纲要》提出，推动制造业智能化、绿色化发展，采用先进适用节能低碳环保技术改造提升传统产业，加快构建绿色产业体系。

推进能源生产和消费革命，构建清洁低碳、安全高效的能源体系。推进资源全面节约和循环利用，实施国家节水行动，降低能耗、物耗，实现生产系统和生活系统循环链接。加强城市绿道、森林湿地步道等公共慢行系统建设，鼓励低碳出行。

第三，从制度上保障绿色低碳发展。《规划纲要》提出实行生产者责任延伸制度，推动生产企业切实落实废弃产品回收责任。推广碳普惠制试点经验，推动粤港澳碳标签互认机制研究与应用示范。

小贴士　未来广东的生态保护："一链两屏多廊道"

《广东省国土空间规划（2020—2035年）》提出，将打造"一链两屏多廊道"的自然格局。"一链"指南部海洋生态保护链，未来将以沿海防护林、滨海湿地、海湾、海岛等要素为主体，加强陆海生态系统协同保护和修复。"两屏"指北部环形生态屏障和珠三角外围屏障。未来广东将筑牢以南岭山地为核心的北部环形生态屏障和以山地森林为主体的珠三角外围生态屏障，强化水土保持，水源涵养和生物多样性维护。"多廊道"指通山达海的生态廊道网络系统，未来广州将加强与重要河流水系和主要山脉为主的生态廊道保护和建设。

肇庆　　广州　　惠州
　　佛山　　东莞
江门　中山　　深圳
　　珠海　　　香港
　　　澳门

第八章　这是个优质生活圈

　　中国特色社会主义进入新时代，我国社会主要矛盾已经转化为人民日益增长的美好生活需要和不平衡不充分的发展之间的矛盾。把粤港澳大湾区建设成为宜居宜业宜游的优质生活圈，事关粤港澳三地居民的根本利益和生活福祉，集中体现了以人民为中心的发展思想。《规划纲要》从六个方面提出携手打造公共服务优质、宜居宜业宜游的优质生活圈，主要包括打造教育和人才高地、共建人文湾区、构筑休闲湾区、拓展就业创业空间、塑造健康湾区、促进社会保障和社会治理合作等。本章主要解答了建设优质生活圈、加强人才储备和战略布局、优化创业环境吸引人才、推动建设人文湾区、社会保障合作、发挥粤港澳青年创业创新平台作用、中山弘扬孙中山文化、肇庆发挥农产品交易潜力和优势、佛山打造全球美食之都、构筑休闲湾区满足休闲娱乐需求、密切医疗卫生合作等一系列问题。

主题词 优质生活圈是关系民生的一致期许

问：怎么理解大湾区优质生活圈建设？

答：《规划纲要》发布以来，随着粤港澳大湾区基础设施互联互通网络越织越密，人员、物资等要素加速流动，大湾区"1小时生活圈"逐步形成。11个湾区城市紧紧抓住改善民生福祉这个出发点和落脚点，着力使大湾区建设成果更多惠及广大民众，尤其是让年轻人有了实实在在的获得感。

对大湾区建设的期许，各个主体的诉求不同。但是，共建一个宜业宜居宜游的优质生活圈，是湾区各个城市单元的共同需求。优质生活圈有几个具体的愿景，包括共建六个湾区：生态湾区、健康湾区、休闲湾区、人文湾区、教育湾区和民生湾区。通过湾区建设，打造教育和人才高地，拓展就业创业空间，推进社会治理合作。

要实现这些愿景，就需要出台一些突破性的政策，有效破解制约三地协同发展的各种障碍。突破性政策主要包括九个方面：人流畅通、物流畅通、资金流畅通、信息流畅通、资质互认、标准对接、民生合作、治理协同和空间拓展。比如，已经出台的港澳居民居住证政策，附加了身份证功能，凭借它港澳居民就可以在内地开办银行账号、报名考试、购买机票等，享受与内地同等的基本公共服务。资质互认方面，专业资质的领域范围正在扩大。标准对接方面，大湾区三种标准，采用就低不就高的方法，形成大湾区标准，倒逼产品提质增效。民生合作方面，正在细化港澳居民在内地上学、就业、购买住房、福利跨境携带等政策。

这些措施的落地，将会有效推动港澳居民来内地生产生活，有利于拓展港澳发展的物理空间和产业空间，有效解决港澳长期发展过程中积累的深层次矛盾和问题，特别是香港的住房问题，有利于港澳与内地融合发展，有利于保持港澳长期繁荣稳定。乐观预计，港澳居民来内地就业、创业将成为常态，长者在内地养老、旅游将成为时尚，三地融合发展将成为趋势。最终，会形成一个要素便捷流动、充满竞争活力、科技范儿十足的国际一流湾区和世界级城市群。

主题词 加强人才储备和战略布局

问：未来粤港澳大湾区在人才储备、布局方面应该怎么做？

答：在知识经济时代，融知识储备与知识创新为一体的人才资源成为影响人类文明演进的战略资源。人才储备发展是实现粤港澳大湾区建设战略目标的智力支撑和重要保障，是大湾区人才高地建设的关键一环。

第一，要拓展就业的创业空间。具体来讲，要积极推进深港青年创新创业基地、前海深港青年梦工厂、南沙粤港澳国际青年创新工场、中山粤港青年创新创业合作平台、中国江门的侨梦圆、华侨华人创新产业聚集区、东莞松山湖生态园港澳青年创新创业基地、惠州仲恺港澳青年创业基地等港澳青年创业创新基地空间拓展，优化创业空间和布局。

第二，要打造建设粤港澳大湾区的人才高地。《规划纲要》提出两个方面的途径和措施来打造人才高地：一个是支持珠三角九个市，借鉴港澳吸引国际高端人才的经验和做法，创造更具吸引力、更积极开放有效的人才引进政策，加快建设粤港澳人才合作示范区，引进人才；另一个是在技术移民等方面先行先试，开展外籍创新人才、创办科技型企业、享受国民待遇的试点。

第三，要支持大湾区建立国家级人力资源服务产业园，建立紧缺人才清单制度，定期发布紧缺人才的需求，拓宽国际人才的招揽渠道。

第四，要完善外籍高层次人才的认定标准，畅通人才申请永久居留的市场化渠道，为外籍高层次人才在华工作、生活提供更多的便利，完善国际化人才培养模式，加强人才国际交流合作，推进职业资格的国际化。

第五，要完善人才激励机制，建立健全人才双向流动机制，通过行政放权、依法管理、金融税收扶持、研发项目支持、知识产权保护、岗位动态聘任等创新手段，为人才跨地区跨行业跨体制流动提供便利条件，充分激发人才动力、开发人才能力、释放人才活力。要鼓励人才智力向产业实体和创新创造流动，在人才投入上"做乘法"，在人才服务上"做加法"，在人才管理上"做减法"，让用人主体有自主权，让人才有用武之地且无后顾之忧，从而加强粤港澳大湾区对国际一流人才的吸引力。

第六，要发挥侨民侨胞的作用。江门有 400 万华侨，是湾区建设中很重要的一块资源。要发挥侨胞能讲好中国原则、中国故事的优势，让中外之间民心相通。同时，要更关注新一代侨胞，比如"80 后""90 后"这一批信息时代成长起来的侨胞，经济发展和创新需要年轻人进行思想碰撞，形成一些创新型企业，形成一个依法治国、依法治企的现代企业发展模型，这就需要江门在湾区发展中起示范作用。凝聚并利用好全球华人的资源，对中国经济发展的贡献潜力巨大。

2019 年以来，广东已多批次定向港澳人士（学生）招录公务员，延揽港澳优秀人才，为港澳人士融入粤港澳大湾区发展搭台搭梯。2021 年 1 月 8 日，香港特区政府正式推出"大湾区青年就业计划"，鼓励在香港及大湾区有业务的企业，聘请及派驻香港青年人到大湾区内地城市工作。通过拓展就业创业的空间，打造建设粤港澳大湾区的人才高地，使大湾区的人才布局更加合理，才能真正形成一个人才高地，支撑大湾区的建设发展。

主题词　优化创业环境　吸引更多人才

问：如何用不断优化的创业环境引进更多的人才？

答：人才发展环境是最重要的，不要让人来到大湾区有压力，人们来大湾区是看世界、追求梦想的，应该让人感觉很兴奋，能营造这样的环境是非常重要的。

第一，湾区内的广东九个城市，向香港学习完善的法制、透明的环境，营造一个能够完全发挥人们才华的空间，同时香港、澳门也要更敞开胸怀，为湾区内新的发展空间增加动力。湾区城市之间一定要加强合作，相互学习、相互帮助、相互支持、相互贡献。

第二，关于经商环境，特别是在保护民营经济上，宪法就规定，发展民营经济和发展国有经济是同等重要的。优化营商环境，有助于粤港澳大湾区不同城市之间加强机制对接，推动珠三角城市全面接轨国际规则、国际惯例，逐步破除各种要素自由流动的阻隔和降低综合成本，推动各种生产和生活要素在区域内更加便捷流动和高效配置，有利于培育浓厚的创新创业氛围，大力吸引和及时对接全球创新资源，进一步加快国际国内创新型人才、技术等要素的集聚。

第三，打造创新创业基地吸引人才。东莞松山湖生态园港澳青年创新创业基地是推动人才集聚，特别是面向港澳青年人才集聚的一个重要平台，有关部门包括广东省、东莞市制定相关的配套政策，吸引港澳在内的国内外人才汇聚东莞。其实，关键还是在人才政策方面做一些文章，比如在汇聚人才时出台便利其投资、生活、居住等方方面面的就业生活政策、举措，目的是便利港澳的青年到内地来就业生活。在大湾区内推动建设青年创业创新基地是拓展港澳发展空间、促进港澳青年服务祖国发展大局的一个重要抓手。

主题词 推动建设人文湾区

问：如何推动粤港澳大湾区建设人文湾区？

答：共建人文湾区是构建宜居宜业宜游优质生活圈最大的亮点，也是湾区民心所向的一项工程，因为整个大湾区都属于岭南文化，文脉相通、血脉相承。从某种程度上来说，岭南是保留中国传统文化最好的地方。构建大湾区必须推进人文塑造，因为虽然香港澳门回归了，但是只有民心回归了才是真正意义上的回归，这就需要通过塑造人文湾区来实现。如何建设人文湾区，《规划纲要》里列出四个方面：

第一，打造湾区精神，要使人们自觉认同大湾区人文精神，这是首要前提条件。历史上，岭南文化保持旺盛活力的秘诀，就在于其一直以开放包容的姿态不断地接收外来文化、吸收外来文化营养。改革开放40多年来，在社会主义市场经济和"一国两制"的政治实践中，岭南文化开放包容、务实创新的精神品格，得到进一步强化与提升，成为粤港澳大湾区城市共同的精神价值遵循。

第二，共同推动文化繁荣发展。曾经香港的影视业非常发达，影响了几代人。现在进入新时期，港澳影视业的影响力客观上比以前要弱很多，通过塑造人文湾区、人文复兴，一定程度上可以支撑地方服务业发展，更好地产生湾区认同。

第三，加强对青少年的交流。因为青少年是我们未来的希望，通过交流可以让他们更好地认同自己的身份。港澳地区因为长期以来受政治制度、西方价值观念等的影响，有些人出现了文化认同上的"断裂"。因此，化解认同"裂缝"、重塑湾区文化认同，是建设人文湾区要解决的重要问题之一。

第四，推动中外文化交流互鉴。从中国传统文化来看，代表中国传统文化最直接的符号是饮食，湾区内有寻味顺德、醒狮、龙舟、功夫，这些都是代表中国文化最直接的符号，而不是只有孔子学院等哲学方面的才能代表。粤港澳大湾区是集中了能代表中国传统文化符号的一个区域，如果要彰显中国文化实力的话，这里就可以建成一个中国文化体验感知交流平台。比如，可以成为推广大湾区规划交流的平台，开启华侨子女到这边的寻根之旅，体验中国传统文化。

此外，粤港澳大湾区是"一带一路"的战略支撑区，要发挥它的战略支撑功能，文化很重要。中国由大到强的标志不是我们提供了多少园区基建产品，更重要的是中国文化走出去，那就需要一个平台，大湾区就是一个很好的平台。粤港澳大湾区是中国传统文化保留最好的地方，也是中国改革开放以来取得成绩最突出的地方，也是最能代表中国改革开放进程的地方，在这里搭建若干交流平台，高级技术人员来培训学习交流，邀请"一带一路"国家的中高级公务员通过交流访问，学习中国经验、模式，是很好的中国文化走出去的方式。所以要做好人员构建工作，开展文化交流、互鉴，展示中国文化软实力，推动中国文化走出去。

小贴士 《粤港澳大湾区文化和旅游发展规划》印发

2020 年底，《粤港澳大湾区文化和旅游发展规划》正式印发。《规划》明确，到 2025 年，人文湾区与休闲湾区建设初见成效。文化遗产有效保护传承，文化艺术精品不断涌现，公共文化服务体系和文化产业体系更加健全，社会文明程度得到新提高，公民文明素质明显提高，人民精神文化生活日益丰富，粤港澳合作更加深入，市场发展活力充沛，中外人文交流互鉴成效显著，打造一批具有广泛影响力的示范项目、示范区。到2035年，宜居宜业宜游的国际一流湾区全面建成。粤港澳大湾区文化事业、文化产业和旅游业实现高质量发展，社会文明程度达到新高度，文化软实力显著增强，中华文化影响力进一步提升，多元文化进一步交流融合，世界级旅游目的地竞争力、影响力进一步增强。《规划》设置11个专栏36个项目，通过实施粤港澳大湾区文化遗产保护传承工程，开展青少年交流重点项目、重点艺术交流活动，建设公共文化服务设施重点项目、文化产业园区和展会项目、文化协同发展平台，开发特色旅游产品、特色旅游项目，推进滨海旅游重点建设项目，完善旅游资源推介平台，深化旅游人才培养等，推动粤港澳大湾区在"十四五"期间构建和完善新时代艺术创作体系、文化遗产保护传承利用体系、现代公共文化服务体系、现代文化产业体系、现代旅游业体系、现代文化和旅游市场体系、对外文化交流和旅游推广体系，不断巩固文化和旅游发展相互促进、相得益彰的良好局面。

主题词 推进社会保障合作

问：《规划纲要》提出，大湾区要推进社会保障合作。对此，未来大湾区要在社会保障方面如何推进合作？

答：推进社会保障合作是坚持以人民为中心的发展思想的重要体现，是建设优质生活圈的重要任务。由于粤港澳三地社会保障水平、制度框架、管理方式等方面都不一样，在合作过程中客观上面临一些政策、管理等方面的不衔接，当然，这也是未来工作推进的重点。

一方面，要围绕教育、医疗、养老、住房、就业等领域，破除体制机制和政策上面的制约或障碍，研究制定和实施一批有利于三地社会保障衔接合作的政策举措。如果条件允许，有些政策举措可以全面铺开，这样受众面广，受益也多。当然，有些政策还需要选择特定地区先行先试，等时机成熟了，再全面推广施行。

另一方面，社会保障的合作是老百姓非常关心的，这是一项很好的、非常迫切的民生福祉方面的事情，要多听听粤港澳大湾区民众的诉求，把民众的诉求体现到政策执行的过程当中。要持续开展深度调研、摸清实际问题，及时了解大湾区民众的切身诉求，确保把民生福祉工作做实做好。

小贴士　粤港澳大湾区社会政策综合指数

2021年2月26日，中山大学粤港澳发展研究院的《粤港澳大湾区发展研究报告（2019—2020）》蓝皮书在广州发布。粤港澳大湾区各城市社会政策综合指数显示，广州、深圳、佛山位列前三位，各城市力度和重点又有不同。其中，教育政策协同广州、深圳领先，养老政策以深圳、江门、肇庆领先；青创政策协同以广州、深圳、香港领先；住房政策协同以广州、深圳、佛山领先；医疗政策协同最弱。区域经济合作体现为相互投资、贸易与游客往来，综合指数排名以香港领先，其后是深圳和广州。

主题词　发挥粤港澳青年创业创新平台作用

问：中山的粤港澳青年创业创新平台有什么特点？在大湾区中发挥什么样的作用？

答：从整个《规划方案》的平台体系来说，有前海、南沙、横琴三个重大合作平台，一批特色平台和若干个专业平台，中山粤港澳青年创新创业平台属于专业平台。

港澳青年就业创新平台作用重大，对粤港澳大湾区的就业会带来积极影响，因为在平台上会使用一些特殊的支持政策。比如，为吸引港澳青年来就业创业，会在个人所得税方面有一些优惠，在大湾区统一使用15%个人所得税；融资方面给予支撑，科技创新方面给予申请科研资金支持；居住生活方面给予配套必要的居住证，使其更加便捷地使用内地移动支付等相关配套政策。

同时，各地努力构建一个与港澳趋同的高标准的营商环境，相应地在专业平台上也会配套一些国际化的医疗教育支撑体系。在中山，国际化教育做得非常好，依托这样的平台，再配上必要的政府支持和相关服务，就会有效地吸引港澳青年来就业创业。当然还需要通过产业链协同，通过创新体系构建，为其提供一个适于就业创业的土壤，这都是下一步的工作重点。

主题词 弘扬中山文化

问：中山市应如何深入挖掘和弘扬中山文化？

答：孙中山先生是中山这个城市的名片，中山文化是它最响亮的文化品牌。

第一，发掘城市文化的符号，来培养整个城市的文化氛围。孙中山就是中山市的文化象征之一，通过孙中山文化这条脉络，整合大湾区乃至海内外的文化资源，通过电视、电影等文化作品，输出正能量，弘扬社会主义核心价值观，讲好中国故事，增强文化自信。

第二，要整合好现在的中山文化基地，像孙中山故居、纪念公园、中山纪念堂等，要把这些更好地整合起来，让它们能够在更好的氛围里面发挥更大的作用，吸引更多的人到这里来参观学习。

第三，再深度地挖掘孙中山的相关史料，更好地实现资源共享和传播中山文化。中山文化本身也是外交的载体，因为孙中山在海外华人心目中威望非常高，以孙中山文化为载体的孙中山精神对华人影响很大，通过中山文化的宣扬也可以凝聚海外侨胞对根的认同。

第四，建立国际文化交流中心，提升大家对中山文化的认同理解，用它来更好地凝聚海外华侨，支持更多的海外华人到中山来创业，实现为祖国服务的抱负。

主题词 肇庆具有农产品交易潜力和优势

问：根据《规划纲要》的部署，未来肇庆在农产品交易方面，应怎么做？

答：有着"中国砚都"之称的肇庆，作为粤港澳大湾区重要节点城市，是大湾区唯一连接大西南的枢纽门户。大湾区规划将肇庆作为农产品生产交易的一个中心，是一个非常重要的区域。

第一，肇庆能够利用当地优渥的生态环境，生产出大量可供大湾区使用的农产品。肇庆森林覆盖率超过70%，是全国森林城市；全市江河年径流量2613亿立方米，西江干流为国内流量第二大河流，境内西江常年保持Ⅱ类水质，是大湾区天然的优良"淡水源"。

第二，利用其地理方位优势，背靠大西南，面向整个东南亚，应用国际的眼光，发展成为一个集散交易中心。集散中心本身有它自身的优势，形成一个供应链，供应整个大湾区的一个农产品中心。

第三，要准确定位，肇庆服务的不仅是自己，关键其生产的产品还要通过物流、交易来服务于整个大湾区，包括香港和澳门地区，所以肇庆的农产品主要还是要扩大服务市场。

第四，要深加工。肇庆也要促进工业发展，做农产品延伸、农产品加工，甚至打造出一些品牌。农产品产业不仅仅是以市场为中心，更是得把第一、二、三产业融合起来，甚至把整个区域贸易都做大做强，形成一个地区优势。

主题词　打造佛山成为全球美食之都

问：未来佛山成为全球美食之都，该如何发力？

答：中国的饮食文化不仅仅是有美食的一个优点，也不仅仅是它的做法很独特，而是它有很重要的功能。中国应对外传播饮食文化，那是最优势的产业。

第二是饮食结构荤素搭配，比较健康，所以它具有世界影响力。中国人肥胖率在全球是比较低的，吃中餐人的肥胖率也是比较低的。

第三是个性化，炒菜做菜很多样化，能够满足面向未来的个性化需求。粤港澳大湾区的一个优势就是拥有中国整个的市场，再加上粤菜相对更健康，拥有非常广阔的前景，中国饮食不仅使我们自己生活得更好，希望未来全球人都能享受到中国的美食。

中国饮食跟中国哲学理念一致，实际上就是强调共商、共建、共享。饮食既是一个文化现象，又是产业，饮食文化会随着人的输出、产业输出而走出去。粤菜非常健康，食材一般是就地取用，再输出是一种非常有优势的产业。

小贴士　佛山美食

在广东，自古便有"食在广东，厨出凤城"的美誉，凤城即今天的佛山顺德。顺德美食甲广东，著名美食纪录片《舌尖上的中国》制作组曾在顺德取材一年，拍摄了长达 150 分钟的美食纪录片《寻味顺德》，豆瓣评分 9.0，火爆一时，足见佛山美食的魅力。

主题词 构筑休闲湾区满足休闲娱乐需求

问：在城市现代化进程中，人们对于追求休闲娱乐的需求越来越高。在粤港澳大湾区建设中，应如何构筑休闲湾区？

答：城市越是现代化，人们的生活节奏越快，工作压力就越大，利用宝贵的闲暇时间进行休闲娱乐休息对身心健康就越重要。构筑休闲湾区是以旅游、娱乐等服务业为龙头形成产业系统，大力发展公园、博物馆、体育、影视、交通、景区度假区、餐饮、娱乐、购物以及由此连带的产业集聚。比如芝加哥海军码头、纽约中央公园、洛杉矶渔人码头、巴黎左岸等都是有名的休闲产业集聚空间。追求快乐和享受是人类生活的重要目标之一，休闲产业就是制造快乐和享受的产业。休闲经济是一种体验经济，也是一种创意经济。在构筑"休闲湾区"方面，《规划纲要》提出推进大湾区旅游发展，依托大湾区特色优势及香港国际航运中心的地位，构建文化历史、休闲度假、养生保健、邮轮游艇等多元旅游产品体系，丰富粤港澳旅游精品路线，开发高铁"一程多站"旅游产品，建设粤港澳大湾区世界级旅游目的地。

第一，打造休闲产品。《规划纲要》中提出要研发有创意的旅游产品，需要将地方文化深度融入旅游产品，形成产品特色。在产品类型方面，重点要发展城市观光、海滨休闲、温泉休闲、康体休闲、乡村休闲五类产品。《规划纲要》立足于广东特色，对海洋旅游做了重点阐述，以滨海旅游公路为丝带，串联从潮州到湛江的沿海旅游资源，建设海滨风情旅游小镇，鼓励无居民海岛开发，海洋旅游可望成为广东龙头旅游产品。

第二，优化休闲服务。在香港和澳门的示范下，珠三角城市的服务水平总体较高，但在乡村旅游等领域仍存在薄弱环节。提升休闲服务水准，可以借鉴香港的"优质旅游服务"计划，获得认证的旅游企业必须通过每年严谨的评审，确保产品和服务做到明码实价、资料清晰、优质服务，打造高质量旅游体验。

第三，营造休闲环境。《规划纲要》提出在"构筑休闲湾区"的同时，打造人文湾区、美丽湾区，工作重点是优化旅游交通、培育生态环境、确保治安安全。随着大湾区的交通设施日益优化，一小时交通圈基本建成。《规划纲要》提出优化珠三角地区"144小时过境免签"政策，在游艇、邮轮的交通便捷化、发展海上游线方面提出了具体措施，可以实现区内互为市场，共同开拓区外市场。在城乡环境方面，全域旅游是重要抓手，大湾区的七个内地市中，全域旅游示范区创建单位目前只有深圳市、珠海市、中山市、惠州市（创建国家级）、肇庆市（创建省级）以及番禺、台山、开平等部分县（区、市），《规划纲要》明确要支持珠三角城市建设国家全域旅游示范区，可望形成"七市共创"的局面，将促进珠三角旅游大环境进一步提升。

小贴士 适用外国人过境144小时免办签证政策的国家名单（共53个）

主题词　健康湾区关系每个人

问：《规划纲要》提出塑造"健康湾区"的目标。那么，大湾区在密切医疗卫生合作方面有哪些发展创新之处呢？

答：在医疗卫生合作中，首先要独资办医，发展区域医疗联合体和区域性医疗中心。实际上，港澳与内地在医疗卫生领域的合作已经开展多年。早在2010年12月，原卫生部发布《香港和澳门特别行政区医疗专业技术人员在内地短期执业管理暂行规定》，2012年12月联合商务部印发《关于香港和澳门服务提供者在内地设立医疗机构有关问题的通知》等文件，允许香港、澳门服务提供者在内地以独资形式，或与内地的医疗机构、公司、企业和其他经济组织以合资合作形式设置医疗机构。《规划纲要》在设置医疗机构的基础上进而提出了大湾区"发展区域医疗联合体和区域性医疗中心"。

粤澳在医药健康领域的成功合作，已经为塑造"健康湾区"树立了一面旗帜。在2011年，粤澳合作中医药科技产业园即作为粤澳合作项目落地与澳门一水之隔的横琴。经过多年的建设，产业园已建成30万平方米，注册企业超过100家，涉及中医药、保健品、医疗器械、医疗服务等领域。《规划纲要》提出，深化中医药领域合作，支持澳门、香港分别发挥中药质量研究国家重点实验室、伙伴实验室和香港特区政府中药检测中心优势，与内地科研机构共同建立国际认可的中医药产品质量标准，推进中医药标准化、国际化。支持粤澳合作中医药科技产业园开展中医药产品海外注册公共服务平台建设，发展健康产业，提供优质医疗保健服务，推动中医药海外发展。粤港澳三地在医疗健康方面的动作可谓快马加鞭，就在《规划纲要》出台几天后，广东省卫生健康委、香港特别行政区政府食物及卫生局、澳门特别行政区政府卫生局三方就签署了《粤港澳大湾区卫生健康合作共识》，并就医疗技术、人才培养等多领域的 62 个健康合作项目交换文本，包括以人民健康为中心、推动优质医疗资源密切合作、加强公共卫生应急领域合作、深化中医药领域创新合作、拓展科研和服务领域合作以及强化人才培养和诊疗合作。

小贴士 《粤港澳大湾区卫生健康合作共识》

2019 年 2 月，广东省卫生健康委、香港特别行政区政府食物及卫生局、澳门特别行政区政府卫生局三方签署了《粤港澳大湾区卫生健康合作共识》，以协同构建高质量健康大湾区，建立与国际接轨、优质高效的卫生健康服务体系。共识包括六个部分，分别是以人民健康为中心、推动优质医疗资源紧密合作、加强公共卫生应急领域合作、深化中医药领域创新合作、拓展科研和服务领域合作以及强化人才培养和诊疗合作。

肇庆　　　广州　　　　惠州
　　佛山　　东莞
江门　中山　　深圳
　　珠海　　　香港
　　　澳门

第九章

『一带一路』从大湾出发

在"一带一路"建设背景下，粤港澳大湾区在我国对外开放格局中一直处于"领头羊"的地位，是国家对外开放政策支持的重要区域。粤港澳大湾区聚集了我国"一带一路"建设所需要的重要因素，生产力水平先进、市场化程度高、产业集群的密集程度最高，经济体系、社会结构和基础设施等都有利于促进更高质量推进"一带一路"建设。同时，从空间位置来看，粤港澳地区在"一带一路"建设中处于重要的枢纽地位，建设粤港澳大湾区与"一带一路"倡议具有互补优势，具备良好的战略对接条件。在"一带一路"倡议中，粤港澳大湾区作为重要战略支撑区，具有地理相邻、人文相通、政策共享、交通相连、优势互补等特点。《规划纲要》提出紧密合作共同参与"一带一路"建设，打造具有全球竞争力的营商环境；提升市场一体化水平；携手扩大对外开放。

本章主要回答了面对国际打造优质营商环境、大湾区市场一体化面临的挑战、借力"一带一路"构建开放型经济、为"一带一路"建设积极发力等问题。

主题词　面向国际打造优质营商环境

问：如何打造具有全球竞争力的营商环境？

答：切实发挥香港、澳门开放平台与示范带动作用，通过深化体制机制改革和创新监管服务方式，逐步破除制约粤港澳三地要素自由高效便捷流动的各类障碍，提升粤港澳大湾区市场一体化水平，积极推动珠三角九市加快建立起与国际高标准投资和贸易规则相适应的制度规则体系，建立符合国际惯例和国际贸易规则的开放型经济新体制，既对标国际一流湾区加快补齐营商环境建设的短板，还应顺应国际投资贸易新需求不断创新优化营商环境，提升粤港澳大湾区营商环境在全球范围内的竞争力和影响力，切实持续增强汇聚全球优质资源要素的吸引力。

要更好地处理政府与市场的关系。处理好政府与市场关系本身就蕴含着经济治理的重大智慧。粤港澳大湾区外向度高、市场经济发达，要善于运用国际化经济治理思维，不断强化市场配置资源的决定性作用，着眼在全球范围内激发市场经济活力和潜能，汇聚全球优质资源要素。政府则应重点做好顶层设计、政策引导、市场监管服务、规范治理等方面的工作，为市场机制作用的发挥提供更有利的条件和环境，同时做到及时有效地弥补市场机制失灵的不足。

小贴士

　　2019 年 11 月 22 日，国务院总理李克强向在北京举行的优化营商环境高级别国际研讨会开幕式所致的贺信中指出，"营商环境就是生产力"，要创造更优的"硬环境"和"软环境"，降低市场运行成本，发挥市场配置资源的决定性作用和更好发挥政府作用。

主题词　大湾区市场一体化的挑战

　　问：推进大湾区市场一体化建设还面临哪些挑战？如何进一步推进大湾区市场一体化建设？

　　答：在新时代中国特色社会主义伟大事业中，建设粤港澳大湾区承载着双重目标：一方面，希望通过发挥港澳优势以建设世界一流湾区，引领中国走向创新驱动，从而增创竞争新优势，打造中国经济升级版；另一方面，希望将粤港澳三地既有的制度优势转化为竞争优势，帮助港澳融入国家发展大局，促进港澳良治和成功实践"一国两制"。当前广东与港澳之间的差异是大湾区建设必须面临的挑战。

第一，制度方面的差异。香港和澳门都是高度开放的市场经济制度。美国传统基金会已经连续 23 年将香港评为全球最自由的经济体。尽管广东省是我国内地经济最活跃、开放程度最高的省份，但是广东省与内地各省份之间改革开放的总体同步性仍然存在。至少自由贸易试验区的政策环境和制度环境还处在大胆试、大胆改的过程之中。要探索建立一个具有中国特色的社会主义市场经济，市场经济的基本要素以及在市场经济建设中政府与企业的关系需要界定清楚，要避免政府过度干预的问题。

第二，在政府的作用方面上有差异。香港和澳门一般奉行的是"管得越少的政府是最好的政府"。广东省政府在改革开放 40 多年中，始终走在中国改革开放的前列，特区建设、自由贸易试验区的建设都取得了巨大成功，也因此成为中国经济发展的"排头兵"和最活跃的地区，在中国内地经济中占有举足轻重的地位。在粤港澳大湾区建设中，要探索政府的作用如何调整，政府如何主导，市场一体化运行如何发挥主要作用的国际化、市场化、法治化的营商环境。

第三，税收制度方面的差异。目前在税制上，香港主体税种是 12 个，其中 3 种直接税，9 种间接税，基本税率是 16.5% 和 15%，最低优惠里的税率仅为 8.25%。直接税是香港的主要税收来源。澳门的主题税率有 14 种，8 种直接税，6 种间接税，税率和税负都比较低。中国大陆共有 19 个税种，直接税和间接税并重，税率高，税负也较重。因此，在市场一体化建设过程中，如果不能统一间接税率或实施比较接近的税率，一旦开放市场，商品的流通就会发生扭曲，即不合理的流向。因此，粤港澳大湾区的一体化，要排除市场一体化的税收障碍。

2021 年 2 月 28 日，广东省人民政府印发《广东省进一步推动竞争政策在粤港澳大湾区先行落地的实施方案》，强化竞争政策基础地位，落实公平竞争审查制度，建设高标准市场体系，进一步提升粤港澳大湾区市场一体化水平。《方案》提出，组建由省有关单位和珠三角九市政府组成的粤港澳大湾区竞争政策委员会，统筹指导竞争政策在粤港澳大湾区广东省区域的实施，研究拟订有关政策和指南，组织调查、评估区域性市场竞争状况，发布评估报告和协调反垄断执法等重要事项。为全面落实公平竞争审查制度，《方案》明确，完善立法机关、行政机关共同参与的公平竞争审查工作部门间联席会议，推动扩大公平竞争审查范围。在反垄断执法方面，《方案》提出，重点查处民生和公用事业领域市场主体的垄断协议和滥用市场支配地位行为，打破行业垄断，维护消费者权益和社会公共利益。同时，重点研究互联网市场反垄断特点，强化平台经济领域反垄断规制与合规辅导，防范企业凭借数据、技术、资本优势造成竞争失序，防止资本无序扩张，促使互联网企业转变经营发展战略，聚焦科技创新和产品升级。在加强反不正当竞争执法方面，《方案》要求，严格把关企业名称登记注册，堵塞利用注册制度实施不正当竞争的漏洞。此外，为营造更加公平便利的市场准入环境，《方案》明确，对港澳投资者全面实行准入前国民待遇加负面清单的管理制度，实现市场领域"非禁即入"；深入推进"证照分离""多证合一""压缩企业开办时间"等改革，提升企业开办便利化水平，降低企业制度性交易成本；推广"粤港银政通"服务，并扩大至澳门经营者，实现港澳投资者商事登记就地受理以及远程办理。

小贴士　CEPA

　　CEPA 即《内地与香港关于建立更紧密经贸关系的安排》，是为促进中国内地和中华人民共和国香港特别行政区经济的共同繁荣与发展，加强双方与其他国家和地区的经贸联系，签署的框架性协议。由中华人民共和国商务部和中华人民共和国香港特别行政区财政司于 2003 年 6 月 29 日签署并实施。2018 年 12 月，内地与香港签署 CEPA 框架下的《货物贸易协议》，是 CEPA 升级的重要组成部分，2019 年 1 月 1 日起正式实施。

主题词 借力"一带一路"构建开放型经济

问：怎样理解让大湾区成为"一带一路"的重要支撑？

答：从国家大的战略背景来看"一带一路"建设，过去实行了国家区域发展的总体战略，东部加快发展、西部大开发、中部崛起、东北地区等老工业基地振兴四个大的板块，在此基础上，国家又制定实施了"一带一路"建设、京津冀协同发展、长江经济带建设，紧接着就是粤港澳大湾区，在这个大框架下，粤港澳大湾区的作用重大。"一带一路"就是 21 世纪丝绸之路经济带，粤港澳大湾区实际上是推进"一带一路"建设的重要支撑区。如何使粤港澳大湾区成为"一带一路"的重要支撑，规划里面做了很全面、系统的统筹安排。

第一，"一带一路"建设实际上是全方位的对外开放，是发展开放型经济的一个倡议，成为一带一路的重要支撑就要大力发展开放型经济，提高开放型经济水平，首先要全面深化开放型经济的体制机制创新，为粤港澳全面发展开放型经济，提供重要的体制保障。

第二，从内部来看粤港澳大湾区，首先要推进广东内部九个城市一体化，甚至粤港澳的一体化，推进一体化很重要，包括交通设施、产业、环境的治理、生活等方方面面。同时，作为开放型经济，要为粤港澳大湾区的高质量发展创造优良的环境，并且在环境的创造过程中，政府应该主动作为。

第三，应该对外走出去、引进来，创造一个有利于全方位对外开放的合理发展格局，提高对外开放水平对港澳大湾区能够在更大程度、更高层次和发展质量上参与全球分割，提高国际上的竞争力、影响力和控制力，是十分重要的。

小贴士

2019年5月7日，由中国国际经济交流中心牵头，联合对外经济贸易大学、路孚特（Refinitiv，原汤森路透金融与风险业务）、国家开发银行研究院等多家国内外知名机构共同编制完成的《"一带一路"贸易投资指数（BRTII)》在北京发布。BRTII 结果显示，与欧盟、北美自由贸易区比较，"一带一路"内部贸易在全球总贸易中的占比提升明显，至 2017 年已达 13.4%，其体量已相当于欧盟内部贸易的 65%。"一带一路"成为仅次于欧盟的全球第二大贸易板块，贸易红利进一步显现。

主题词 为"一带一路"建设积极发力

问：粤港澳大湾区未来要成为"一带一路"的一个重要支撑区，可以从哪些方面发力？

答："一带一路"给我们分享了一些中国改革开放的经验，改革开放从广东、深圳开始，"要致富先修路"等"深圳模式""蛇口模式"等，很有吸引力。大湾区在四个方面是领先的：一是基础设施的建设，二是产业集群，三是各种经济走廊，四是大市场建设。在基础设施方面，粤港澳大桥有目共睹；产业集群方面，在粤港澳大湾区里产业链最独立、最完整；经济走廊方面，大湾区里有把城市群连在一起的各种经济走廊，都对推动中国改革开放作出过巨大贡献；大市场建设方面，大湾区本身就是市场一体化发展的。具体来说，可以从以下三个层面着力。

一是政策沟通，现在广东经济总量已经超过俄罗斯，有很多海外投资，比如到马来西亚、马六甲的黄金港投资普通建设，分享中国改革开放经验，因此地方合作也是"一带一路"建设的一个方面。

二是设施联通，包括修路造桥等各方面设施，不仅是传统设施，新型数字建设和电子商务发展也非常迅猛。深圳有华为、腾讯等一些高科技企业，从事新型数字建设；广州自古就是 21 世纪海上丝绸之路一个重要起点，是对外贸易的窗口，是主要生产基地和出口。

三是资金融通，香港是国际金融中心，非常具有融资优势，要鼓励更多私人企业参与，要创新更多的融资模式。广东发展基础较好，在资金融通上跟香港、伦敦、新加坡等有广泛的联系。中国有两个城市——义乌和广州，非常有名，这两个城市大量的生活用品卖到世界各地，广州市的客家文化和美食在世界华人华侨里很出名。所以，大湾区建设是中国新一轮开放下的一个重大战略部署，打造一个新增长极，不断推动"一带一路"建设。

小贴士

2019 年 5 月 7 日发布的《"一带一路"贸易投资指数（BRTII）》研究显示：2017 年 "一带一路"沿线国家

和地区对外直接投资和吸引外资的总额分别达到 1554
亿美元和 3237 亿美元，分别同比增长 27.3% 和 2.1%，
已成为全球最重要的外资流入地，其 31.6% 的占比，大
幅超过北美自由贸易区的 23.0%，以及欧盟的 21.2%。
特别是一些重大项目投资大大增强了东道国可持续发展
的能力。无论是 FDI 还是 ODI，中国均为"一带一路"
跨境资本流量第一大国。自 2015 年以来实现对外直接
投资净流出，连年成为"一带一路"最大的外资净流
出国。

第十章

弹好粤港澳协奏曲

肇庆　　广州
　佛山　　东莞　惠州
江门　中山　深圳
　珠海　　香港
　　澳门

共建粤港澳合作发展平台，既是推进全面深化改革、扩大开放的重要载体，又是粤港澳大湾区协同发展的连接纽带。《规划纲要》提出优化提升深圳前海深港现代服务业合作区功能；打造广州南沙粤港澳全面合作示范区；推进珠海横琴粤港澳深度合作示范；发展特色合作平台。本章主要解答了深圳前海发挥现代服务业合作区的功能定位、推进南沙与港澳深度合作、积极发挥横琴在粤港澳深度合作中的作用、发挥江门优势打造大广海湾经济区、江门打造国际环保产业集聚地、中山澳门深度合作、东莞滨海湾地区发展优势与前景、发展构建特色平台等问题。

前海更大力度深化改革

问：《规划纲要》提出优化提升深圳前海深港现代服务业合作区的功能，那么实现的路径是怎么样的？

答：前海要积极引进和利用香港金融业发展的一些成熟经验。

第一，在税收方面，要采取一些突破性办法，引进香港金融从业人员，能够按照香港的税收比例实行，少征收的税由广东省财政补上，这样前海就能够吸引全世界最优秀的金融人才，金融的发展关键在人。深圳有开放性经济，有吸引人才的机制，香港的金融业发展在全世界处在领先位置，前海要想赶上，要想也打造一个吸引全世界优秀人才的政策环境，可以在局部地区实行一些特殊政策。下一步资本项目可兑换也要采取一些特殊政策，并在前海能够优先得到实施，为全国的资本项目可兑换创造经验。

第二，法律服务方面非常关键。因为"一国两制"，有一些香港商人到前海开办企业或者开展合作，担心未来法律方面的变化和调整。所以，可以在局部地区像前海，部分借鉴香港最核心的税收法律，与整个内地不平衡的地方，通过地方财政协调得到解决。

第三，如何解决网络问题，要能够找到一些好的办法。

比如，在深圳一些大学的研究中心，能够上网看到美国一些大学的科研信息，这个非常重要，否则研究人员的眼界就不开阔了，看不到世界上科技进步的最新信息，就很难做到跟随甚至引领。

主题词 推进南沙与港澳深度合作

问：《规划纲要》里提到，广州南沙要和港澳进行全方位的深度的合作，这方面有什么样的建议？

答：南沙推进与港澳合作优势明显。第一，具有区位优势，属于粤港澳大湾区的一个几何中心；第二，具有政策优势，它是国家级新区，又是自由贸易区，双区的政策叠加是一种优势；第三，具有市场和资源优势，它通过南沙连接香港和澳门，能跟国际市场、国际资源衔接起来，同时它还是一个国际航运区域。所以南沙的优势和潜力很大，关键是怎么来深化这种合作。

一是要全方位地深化合作。比如，南沙能不能作为一个全国性的服务贸易基地走出去，南沙甚至广州怎么在科技领域跟香港、澳门进行合作。另外，香港具有市场的经验、人才管理的经验，可以以南沙为载体，跟香港、澳门联合建设产业园区，加强双方优势互补等，应该全方位多领域深层次来深化合作。

二是将南沙新区打造成为中国国内、国际化的人才高地，这样国际化人才愿意前来创新创业创造，发挥作用。如，发布的《广州南沙新区（自贸片区）集聚人才创新发展若干措施实施细则》，南沙区将对全职工作的领军人才给予200万元至1000万元安家补贴；对每年在南沙工作3个月以上的短期创新人才，按天给予补贴；对重点发展领域年薪30万元以上（科研机构20万元以上）的港澳及外籍人才给予贡献奖励，其中港澳籍人才可选择按照内地与港澳地区税负差额申请奖励，奖励金上不封顶。

三是南沙是一个国家级新区，要按照现代发展城市的标准进行规划，建设高标准高质量大发展，打造成为国家新区核心城市建设的一个新样板。南沙要在开放型经济、航运物流、商贸旅游、会展等诸多领域，成为广州国际交往的新平台，成为中国南方对外开放的重要海上门户，成为推动新时期对外开放的重要窗口。

主题词 积极发挥横琴在粤港澳深度合作中的作用

问：在未来粤港澳深度合作过程中，横琴能发挥什么样的作用？

答:"澳门的海对面,海对面是横琴;横琴的海对面,海对面是澳门;澳门相望,相望横琴,一衣带水毗邻。"一首童谣唱出了琴澳两地隔海相望、相依相亲的款款深情。2009年12月16日,横琴新区挂牌成立,成为继上海浦东新区、天津滨海新区后的第三个国家级新区。自成立以来,习近平4次来到横琴,对横琴每一步发展都关心关注。2019年12月20日,在庆祝澳门回归祖国20周年大会暨澳门特别行政区第五届政府就职典礼上,习近平总书记发表重要讲话时指出:"当前,特别要做好珠澳合作开发横琴这篇文章,为澳门长远发展开辟广阔空间、注入新动力。"横琴,作为国家金融创新试验区及粤港澳紧密合作示范区,在粤港澳大湾区发展中的地位日益彰显,价值愈加体现。横琴在未来粤港澳三地的深度合作中,应该起到很好的示范作用,具体有以下几个方面。

第一是制造业。横琴有中医药合作产业园区,依托园区可以加强中医药方面的合作,包括科技联盟的创新工作,把中医药产业做的更强。同时还可以加强其他方面的合作,比如家用电器、电子信息等。例如,澳门要打造世界海岛旅游中心,跟澳门合作应该是一个很好的切入点,横琴通过旅游岛的建设,打造一个世界级国际一流的海岛旅游地。

第二是物流业。物流业现在发展得很好,同时横琴也可以通过联动港澳发展现代化、国际化物流业。为推动"物流"要素流通，横琴在横琴口岸率先启动"一机一台"改革，提升通关效率30%，同时，横琴紧抓港珠澳大桥通车的机遇，提升与香港的联通。以港珠澳大桥延长线为轴的一体化发展区，成为物流流通的关键。2018年9月6日，横琴新区管委会正式批复实施《横琴新区与保税区、洪湾、湾仔区域一体化发展规划》。这个集合了"保税＋跨境＋通关＋港口＋物流"功能的一体化发展区，有望成为横琴打通大湾区"物流"要素流通、承接港澳物流产业西拓的"桥头堡"。

第三是推动澳门青年来横琴创业。横琴有一个澳门青年创业园区，同时还有港澳合作的其他园区，都是推动澳门青年来横琴创业发展的好平台，具有广阔的发展前景。澳门要实现经济多元化，很重要的一方面就是让澳门青年能够在博彩业之外的行业发展，横琴可以给他们提供更好的平台。

第四是中阿经贸合作。横琴和澳门可以合作打造很多平台，从而深化促进内地和相关国家的贸易通道，推动更多贸易合作。此外，横琴可以跟澳门合作一起发展电商产业，国际产品经过澳门进入内地，澳门起到桥梁作用。

第五是建立一个非常优美的生活区，包括在养老居住、教育医疗等领域都可以加强合作，共建美好的生活圈。横琴集万千宠爱于一身，无论是产业还是相关配套，都有打造国际居住区的资本。早在横琴规划之初，就清晰划分了区域功能：中央商务区、口岸服务区、国际居住区。

珠海经济特区因澳门而生，横琴新区因澳门而兴。2020年3月印发的《珠海市全面深化改革2020年工作要点》提出，将以珠澳深度合作开发横琴为总牵引、主平台，围绕新体制、新环境、新产业、新都市、新生活五个"新"做好珠澳合作开发横琴这篇文章。

主题词 发挥江门优势打造大广海湾经济区

问：《规划纲要》提到未来江门要和港澳合作来打造一个大广海湾经济区，在建设过程当中，江门可以利用哪些优势？

答：江门在粤港澳大湾区中处于承东启西的关键节点，腹地纵深广阔，发展潜力巨大，与港澳融合的优势突出。江门要与港澳加强合作，吸引港澳、深圳、珠海、广州的资金到江门投资，因为江门有其他城市所不具有的一些优势。

第一，土地开发潜力比较大。江门的地价相对便宜，这样企业可以降低成本，是一个明显的优势。江门发展空间广阔，土地总面积约占大湾区城市群总面积的1/6，土地开发强度低，仅为12.4%左右，可利用建设用地空间大，是粤港澳大湾区内唯一可大规模连片开发土地的城市。

第二，环境非常好。由于江门土地开发利用程度比较低，人口密度比较低，所以江门自然环境好，特别适合居住。同时，如果江门能够完善相关服务配套，比如较好的住房条件、优美的环境和完善的医疗教育设施，这样宜居的地区可以吸引更多人到江门居住，加快当地的发展。

第三，交通条件好。江门地处西江流域，腹地广阔，西江是广西最大的一条河流，经济上可以直接辐射广西，广西的一些货物通过西江出海，必定要流经江门。所以江门要进一步发挥好交通优势，吸引在附近城市上班的人到江门居住，或者吸引一些研发基地、教育基地、培训中心和制造业基地到江门，吸引周围要素过度密集的城市向江门疏散，让江门抓住机遇加快发展。此外，江门还有临港、港口优势，现在每年进口的精细化工产品达到2000亿美元，可以进口一些资源在江门深加工来顶替进口。广东引进国外大型石化企业来建立石化基地，江门大广海湾经济区可以发展石化产品的加工和进出口，从而带动江门的经济发展。

第四，华侨多的优势。江门有400多万华侨，占全国华侨的1/10，要发挥华侨优势，特别是要发挥那些在政界、科技界、教育界已有成就的老华侨的影响力，吸引他们回江门建设，施展他们的投资能力，这是一个独有优势。

小贴士

江门素有"中国第一侨乡"美誉，400多万五邑籍海外侨胞、港澳台同胞分布在全球107个国家和地区，拥有海内外"两个江门"的人缘优势。2019年11月14日，在华侨华人文化交流合作暨粤港澳青年文化创意发展大会开幕式上，华侨华人文化交流合作重要平台建设正式启动。

主题词　江门打造国际环保产业集聚地

问：江门银湖湾滨海地区的开发，未来可以聚焦节能环保这方面。江门应该怎样打造国际环保产业集聚地？

答：江门银湖湾滨海地区位于大广海湾先导区，毗邻港澳，与珠海隔海相望，水陆交通便利，土地资源丰富，区域内正重点谋划建设粤澳（江门）产业合作示范区、珠西化工集聚区等临海临港重点产业发展平台。银湖湾滨海新城是珠三角和港澳地区联通粤西及北部湾等泛珠地区的重要门户，开发强度低，发展空间大，具有可大规模连片开发的土地、海陆交通区位优势和海洋经济发展潜力。银湖湾滨海新城是支持江门未来30年发展的战略高地，新城开发建设按照"规划引领、交通先行、资源管控、项目先导、产城融合"的工作思路，着眼高质量发展，力争建设成为一个环境优美、交通便利、科教兴旺、高端产业集聚的现代化国际滨海新城。

在充分调研、对接澳门的基础上，江门计划在银湖湾滨海地区，与澳门探索推行园区共建新兴开发模式，建设形成紧密合作、融合发展、风险共担、利益共享的合作机制。将依托环保电镀基地的产业基础和新会电厂的热电联供优势，重点引进一批产业转移项目和优质高新产业项目。粤澳（江门）产业合作示范区环保产业园要进一步整合资源，加快推进低效用地再开发，积极开展环保产业合作，努力打造国际节能环保产业集聚地。

主题词 中山为澳门经济适度多元化提供新空间

问：《规划纲要》中提到推进澳门和中山在经济、社会、文化等方面深度合作，拓展澳门经济适度多元发展新空间，那么，中山和澳门深度合作的空间怎样？

答：空间非常大。要推动中山和澳门合作的话，必须本着一个原则，就是"中山所能，澳门所愿"。那么，澳门的需求是什么？澳门最大的需求就是空间，包括物理空间和产业协同空间。澳门的物理空间非常狭小，只有 32 平方公里，65 万人，这就需要把它的产业空间和居住空间在中山做好匹配，在中山为港澳年轻人提供一些就业创业岗位和基地，为港澳长者在中山提供一些养老社区，同时在物理空间和产业协同上，做出努力和探索。

《规划纲要》提出，澳门和中山要在经济社会文化等方面深入合作，不仅仅是经济层面，还要从构建优质生活圈层面来做文章。中山有很好的自然环境和医疗保障体系，和澳门携手共建优质生活圈，生态园区和人文湾区之间可以进行更紧密的合作，尤其是结合澳门产业多元化的诉求。因此，两地合作的动力在很大程度上要依靠科技创新，就要依赖粤港澳国际科技创新中心的建立，两地科技创新的合作重点是做好中医药合作，尤其是医疗科技方面。因为澳门主要做中药，做标准化中药走出去，《规划纲要》提出中山做国际医药，是重要的科技创新区域，必须引入国际高端资源、高端要素，还必须有政策体制的突破，两地可以携手共同谋划共建中医药产业园区。

主题词 东莞滨海湾地区产业集聚优势突出

问：东莞滨海湾地区作为东莞"三位一体"都市核心区

之一，被明确为粤港澳大湾区特色合作平台、粤港澳协同发展先导区、广深港澳科技创新走廊核心平台。东莞滨海湾地区应从哪些方面发力？

答：东莞滨海湾地区毗邻广深、近邻港澳，拥有得天独厚的地理区位优势，交通通达性好，且土地开发建设空间较大，这都为下一步开发建设提供了重要支撑保障。东莞滨海湾地区作为深化与香港合作的特色发展平台，发展潜力巨大，认清优势、挖掘优势、发挥优势是高质量推进滨海湾地区开放建设的重要基础。

从战略政策层面看，深化与香港合作，要把东莞滨海湾地区建设成为战略性新兴产业研发基地，既要利用好香港在科技研发、服务经济和对外开放等方面的独特优势，也要积极为香港发展提供新空间，在这个过程中，需要谋划体制机制改革、政策突破、合作模式创新等方面的新举措，这既是难点，也是关键点。如果把握好了，就是最大的潜在优势和内生动能。

《规划纲要》中提出支持东莞与香港合作开发建设东莞滨海湾地区，集聚高端制造业总部、发展现代服务业，建设战略性新兴产业研发基地。

滨海湾地区明确了"粤港澳大湾区协同发展特色平台、珠三角核心区融合发展战略节点、东莞高质量发展创新引擎、滨海生态宜居智慧新城"的战略定位，确立了"一廊两轴三板块"的空间格局、"一廊三绿心三水系"的生态格局，明确了"集聚高端制造业总部、发展现代服务业，建设战略性新兴产业研发基地"三大产业定位，以生命健康、人工智能、现代服务业、高端电子信息技术为主攻方向，着力构建实体经济、现代金融、科技创新、人力资源协同发展的产业体系。

"一廊"即 40 公里的滨海景观活力长廊，串联起生态景观、时尚休闲、文化体育、公共服务等设施与空间，塑造东莞向海转型新地标、湾区滨海岸线新典范。

"两轴"即城市中轴和城市发展功能轴。城市中轴依托滨海湾大道城市干道和中央景观绿廊，构建"北站、中城、南湾"空间结构，北站结合滨海湾站综合交通枢纽，建设站城一体 TOD 都市核心区；中城打造滨海湾青创城，将城市 CBD 和青创空间一体建设；南湾面海布局滨海湾广场、文化中心、体育中心、港澳客运码头等，打造新区面海城市客厅。城市发展功能轴以东湾大道为主轴，串联起新区三大板块，集聚企业总部，引导金融、科技、商贸、商务等高端服务业集聚发展，把东湾大道打造成新区版深南大道。

"三板块"即围绕《规划纲要》明确的三大产业方向，差异化打造沙角半岛、交椅湾和威远岛板块。沙角半岛板块，重点布局研发、总部经济和现代服务业，以滨海湾站综合交通枢纽建设为带动，形成现代服务业集聚区和生态智慧宜居的都市核心区。交椅湾板块，重点布局科技创新和先进制造产业，吸引科技型独角兽企业集中设立研发总部，推动高端要素集聚，打造以新一代电子信息技术和相关新兴产业为核心，以总部经济、科技研发等高端功能为引领的"产业之芯"。威远岛板块，重点布局人工智能和智慧城市产业，谋划建设威远岛国际智慧城、国际医疗健康合作示范区、湾区大学，建设粤港澳大湾区国际合作交流中心。

小贴士　《东莞滨海湾新区发展总体规划（2019—2035 年）》

2019 年 6 月 21 日，经广东省政府同意，广东省发改委正式印发《东莞滨海湾新区发展总体规划（2019—2035 年）》，滨海湾新区提出总体目标与建设节奏："三年打基础，五年大发展，十年建新城。"新区与港铁集团深入对接，计划对标香港"西九龙站"。届时，从滨海湾站出发，乘坐轨道交通 6 分钟到达深圳、35 分钟到达广州、40 分钟到达香港。

主题词　夯实合作平台建设

问：共建粤港澳合作平台，既是推进全面深化改革、扩大开放的载体，又是深化大湾区协同发展的重要纽带。如何发展特色合作平台？

答：合作平台是打造高质量发展典范、提高发展平衡性和协调性的一个重要抓手。围绕"共建粤港澳合作发展平台"，《规划纲要》提出，要加快推进深圳前海、广州南沙、珠海横琴等重大平台开发建设，充分发挥其在进一步深化改革、扩大开放、促进合作中的试验示范作用，拓展港澳发展空间，推动公共服务合作共享，引领带动粤港澳全面合作。基于大湾区不同方面改革探索使命明确三大平台的定位：深圳前海深港现代服务业合作区、广州南沙粤港澳全面合作示范区、珠海横琴粤港澳深度合作示范功能。优化提升深圳前海深港现代服务业合作区功能，重点是强化前海合作发展引擎作用，加强法律事务合作，建设国际化城市新中心；打造广州南沙粤港澳全面合作示范区，重点是携手港澳建设高水平对外开放门户，共建创新发展示范区，建设金融服务重要平台，打造优质生活圈；推进珠海横琴粤港澳深度合作示范，重点是建设粤港澳深度合作示范区，加强民生合作，加强对外开放合作。

《规划纲要》提出发展特色合作平台，支持珠三角九市发挥各自优势，与港澳共建各类合作园区，这为各地拓展经济合作空间，实现互利共赢创造了机遇。支持落马洲河套港深创新及科技园和毗邻的深方科创园区建设，共同打造科技创新合作区，建立有利于科技产业创新的国际化营商环境；支持东莞与香港合作开发建设东莞滨海湾地区；支持佛山南海推动粤港澳高端服务合作；支持江门与港澳合作建设大广海湾经济区，拓展在金融、旅游、文化创意、电子商务、海洋经济、职业教育、生命健康等领域合作；加快江门银湖湾滨海地区开发；推进澳门和中山在经济、社会、文化等方面深度合作。各合作平台特色各异，各有侧重。广东各地要按照《规划纲要》部署，找准定位，抓住机遇，以突出特色，进一步深化合作。

肇庆　　　　广州　　　　惠州
　　佛山　　　东莞

江门·中山　　　深圳

　　珠海　　　　　香港
　　　澳门

第十一章

宏伟蓝图要落地

　　"一分部署，九分落实。"《规划纲要》正式发布后，粤港澳大湾区进入实质性开发建设新阶段。《规划纲要》在规划实施中明确要加强组织领导；推动重点工作；防范社会风险；扩大社会参与。本章主要解答了强化顶层设计综合规划实施、勇于担当扎实推动实施规划纲要、广东构建"一核一带一区"全面对接大湾区、广东积极作为狠抓战略落地、加强粤港澳三地11市协调联动、扎实推动规划纲要落实落地等问题。

主题词 强化顶层设计　综合施策

　　问：一张蓝图绘到底，一分部署九分落实。在推进《规划纲要》实施方面有什么样的建议？

答："一分部署，九分落实"，粤港澳大湾区的蓝图已经绘就，接下来的任务就是扎实推动《规划纲要》落地生效。中央已经成立粤港澳大湾区建设领导小组，研究解决大湾区建设中政策实施、项目安排、体制机制创新等方面的重大问题，这在中央层面为推动大湾区规划实施提供了组织领导保障。目前，粤港澳三地都相应建立了推动粤港澳大湾区建设的相关机制，社会各界正以不同方式积极参与大湾区建设，一些标志性的重大项目、合作平台和政策举措正在扎实推进，大湾区正在源源不断集聚新优势新动能，不断拓展发展新空间，相信大湾区建设的蓝图必将转化为现实。

应该说，粤港澳大湾区建设是一项系统性、综合性、长期性的伟大事业，任务重、难度大，同时，潜力巨大、前景广阔。建议至少要在以下方面予以重视：

一是加强政策保障支撑体系建设。围绕充分发挥好粤港澳三地的特色优势，逐步破除要素流动的体制机制障碍，加强政策创新举措的研究、制定和推动实施工作，为大湾区建设提供政策支持保障。

二是近期重抓平台载体建设。充分激发各方面力量参与大湾区建设，扎实推进一些标志性、有重大引领和示范带动作用的重大合作平台、特色合作平台、产业园区载体建设，率先取得点上的突破，从而以点及面，要让粤港澳三地民众持续切实感受到、享受到大湾区建设带来的变化和成果。

三是不断强化市场配置资源的决定性作用。粤港澳大湾区外向度高、市场经济发达，在推进粤港澳大湾区建设过程中，更要有国际化和更加开放的经济治理思维，着眼在全球更大范围内激发市场经济活力和潜能，更好利用国际国内两个市场、两种资源，更多利用市场机制、市场手段解决发展中存在的问题和汇聚全球优质资源要素。

四是坚持"一国两制"方针，严格依照宪法和基本法办事，在推动具体工作中要讲究方式方法，加强和紧密各方面的沟通联系，积极防范各类风险，切实把大湾区建设这件大事办好办实。

主题词 勇于担当 扎实推动实施规划纲要

问：我们落实好《粤港澳大湾区发展规划纲要》过程中要把握什么样的原则？

答：建设粤港澳大湾区是习近平总书记亲自谋划、亲自部署、亲自推动的一项重大国家战略，是新时代推动形成全面开放新格局的新举措，也是推动"一国两制"事业发展的新实践。在积极贯彻落实《规划纲要》过程中，应秉持如下原则：

第一，要解放思想。新时期，建设大湾区具有复杂的制度背景和法律背景，要把大湾区建设好，不能用传统的思维。因为这是一个新事物，在"两种制度、三种法律、三种货币"的环境下，推进一体化建设，建立一个新增长极，没有解放思想是做不到的。

第二，要敢于探索。因为之前没有经验可以借鉴，以前三个地区各自发展，现在是作为一个整体区域来发展把握，所以不能不探索。"纸上得来终觉浅，绝知此事要躬行。"只有大胆地去尝试去探索去实践，才能走出一条具有中国特色的新路子。

第三，要勇于担当。不能够怕出事，改革开放40多年，深圳之所以能够成功，就是因为勇于探索，不怕出错。我们整个湾区的11个城市，都非常了不起，都勇于探索，特别是内地的节点城市如果不敢探索、没有担当精神，就不会有经验。探索过程中可能会出现失误，但是没有关系，只要不是以权谋私，为了创新和探索，为了走出一条新路，即使走一些弯路也是为了未来更好地建设大湾区。

第四，要面向全球，要有国际视野。其他国家在湾区建设上做过一些探索，我们要总结其经验教训，借鉴精华，吸取教训。所以解放思想、敢于探索、勇于担当、放眼世界，做好这四点对粤港澳大湾区建设是非常重要的。

主题词 构建"一核一带一区" 全面对接大湾区

问：当前，广东正在构建"一核一带一区"区域发展格局。广东如何把握粤港澳大湾区建设的大机遇，推动"一核一带一区"全面对接大湾区、融入大湾区，加快推动区域协调发展？

答：2018 年 11 月 18 日，中共中央、国务院出台了《关于建立更加有效的区域协调发展新机制的意见》。广东的"一核一带一区"区域发展新格局，就是建立更加有效的区域协调发展新机制的有益尝试和创新探索。广东要把粤港澳大湾区建设作为"总抓手"，通过粤港澳大湾区的建设带动其他相关区域发展战略实施，协调好一核、一带、一区之间的生产力布局关系，全面构建新时代广东区域协调发展新格局。《规划纲要》也提到，要发挥粤港澳大湾区辐射引领作用，统筹珠三角九市与粤东西北地区生产力布局，带动周边地区加快发展，广东各市县应在粤港澳大湾区建设和"一核一带一区"区域发展新格局中谋划新定位、新功能，争取有新作为、新贡献。从广东的实际来看，内部差异较大，粤东、粤西沿海经济带和粤北生态区的建设，可以作为粤港澳大湾区的腹地和配套支撑，通过战略融合发展，促进比较优势发挥，逐步缩小内部区域发展差距。因此，要增加战略政策之间衔接、配套和相互支撑，争取发挥战略政策的叠加效应、共振效应。

同时，要紧扣高质量发展、完善改革开放空间布局的要求，区域发展战略融合还体现在服务高质量发展、服务新一轮更高水平的对外开放，服务中国更好融入全球经济体系。广东在协调实施中央和地方区域发展战略时，要进一步处理好、发挥好市场配置资源的决定性作用与更好发挥政府作用之间的关系。广东尤其是珠三角地区的市场化程度高、国际化水平领先、市场配置资源作用强，市场作用力量需进一步强化，面向全球配置资源，用深化改革和更加开放的视角来推动落实区域战略实施。

小贴士　广东地市在建项目统计数量

据钢铁世界网统计数据显示，截至 2020 年 3 月初，广东地市在建项目统计数量为 395 个，其中，粤港澳大

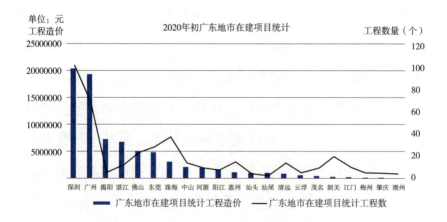

湾区（九个珠三角城市）占了 300 个，占比高达 76%，凸显了粤港澳大湾区的战略定位。

主题词 广东积极作为 狠抓战略落地

问：在粤港澳大湾区建设起步阶段，广东如何重点发力，开好头、起好步？

答：粤港澳大湾区建设的定位、目标和任务实现，有赖于重大平台载体、重点项目和重要政策举措的支撑落地。广东在改革开放、在高质量发展中积累了很多先行一步的优势，这为大湾区建设奠定了很好的基础。

从工作层面看，广东在粤港澳大湾区建设总的开局应围绕《规划纲要》提出的目标任务，深化与港澳合作，先期谋划推出一批有基础、看得见、摸得着、可落地的重大平台、重点项目和政策措施。在这个过程中，全省上下要率先建立健全推动粤港澳大湾区建设的协调机制，按照中央决策部署，落实协调好各项工作。广东省市层面已经做了很多工作，下一步在前期工作基础上可以进一步强化，特别是要为规划任务实施提前做好充分准备。

接下来，就是谋篇布局，既要抓重点、抓要点，也要兼顾各个方面，充分激发各方面力量参与大湾区建设，扎实推进一些标志性、有重大引领和示范带动作用的重大项目、合作平台建设，实施一批强有力的政策举措，率先取得点上的突破，以点带面，要让粤港澳三地民众持续切实感受到、享受到大湾区建设带来的变化和成果。当然，粤港澳大湾区建设是一项长期性、系统性的伟大事业，要继续发扬广东锐意改革、敢为人先的创新精神，稳扎稳打推进各项工作，源源不断集聚新优势新动能，不断拓展发展新空间，相信大湾区建设的蓝图必将在实实在在的行动中转化为我们身边看得见、摸得着的现实。

主题词 加强粤港澳三地 11 市协调联动

问：粤港澳大湾区发展涉及广东九市和香港澳门两个特别行政区。《规划纲要》要实施好，应该主要从哪些方面努力？

答：由广州、深圳、珠海、佛山、中山、东莞、惠州、肇庆、江门九市和香港、澳门两个特别行政区构成的粤港澳大湾区，是我国参与全球竞争的重要空间载体，将要建设成为具有国际影响了世界一流城市群。要落实好《规划纲要》需要从以下几方面着力：

第一，特别注意内地和香港在发展模式、发展经验上的不同。内地发展是通过国家一系列战略政策，通过中长期经济社会发展规划来推动，发挥的是政府引导作用，体现的是中国特色社会主义集中力量办大事的优势。港澳是自由市场经济，企业力量很强，但缺乏做中长期发展规划的经验。所以，在大湾区统筹规划下，既有 2022 年目标、2035 年目标，还有不同领域协同发展目标，各地如何按照《规划纲要》的指导思想、原则和主要部署实现好协同发展，需要进一步努力。

第二，广东之所以能够发展得这么好，根本的一条就是改革开放。广东是国家改革开放的"排头兵"，先行先试，改革开放为广东、珠三角的发展不断注入强大动力，今后需要进一步扩大开放。可以说，广东的改革已经到了深水区、啃硬骨头的时候，《规划纲要》实施过程中怎样进一步深化改革，提高开放水平，还要做出很大努力。

第三，进一步提高放管服水平，使企业在政府公平监管下公平竞争。党的十九大报告也明确提出，要为大湾区发展创造更好条件，方便港澳居民到内地发展，这就涉及要素的便捷高效流动，毕竟涉及三种关税区、三种货币，需要海关边检等部门做出更大努力。根据广东的口岸部门统计，目前进口环节平均要 15 个单证，涉及九个环节，现在每年通过广州、珠海、深圳等口岸过境的达亿人次，怎样便捷高效地使人流畅通，很重要。

第四，促进信息要素自由流动。大家都认识到，信息也是一个很重要的生产要素，过去只说劳动、技术、资本、商品，但是在保障信息安全的前提下，信息要素怎样便捷流动，需要深入探索。

第五，探索新的税收模式，吸引高端人才。香港、澳门的科学家、商人常用的社交网络有脸谱、推特，搜索资料用谷歌，但是因为脸谱、推特和谷歌有些不良信息，内地对其有所管控，怎样化解这个问题也需要探索。香港、澳门是高度开放的自由市场经济，其关税、企业所得税和个人所得税都比较低，那么大湾区在引进高端人才时，就需要探索按照香港同等的个税差数由地方财政来补贴，从而吸引高端人才，这方面需要进一步努力。

第六，在大湾区内，从人均GDP来讲，香港、澳门的发展水平最高，大湾区东岸、西岸之间的发展是不平衡、不协调的。东岸的土地开发强度像深圳已经到了几乎50%，而西岸有些地方，比如肇庆，它的人均GDP只有广东全省平均的60%。通过《规划纲要》的实施，辐射带动整个广东的高质量发展，带动粤东、粤西和粤北的大发展。希望大湾区的发展对周边五省，包括福建、湖南、广西、海南、江西能够起到很好的牵引带动作用，实际上也为大湾区发展开拓更大的腹地空间，在下一步的实施当中，这些都要花很大力量来解决。

主题词 扎实推动《规划纲要》落实落地

问：当前，我们应如何有效推进《规划纲要》的实施？

答："湾区"作为区域经济协同发展的全新模式，已经发展成为当今全球经济的增长极与技术变革的引领者。目前，世界范围来看，已经形成纽约湾区、旧金山湾区、东京湾区三大湾区，粤港澳大湾区要比肩世界三大湾区的发展。因此，积极有效推进《规划纲要》实施，迫切需要，意义重大。

第一，整个大湾区建设最难的是协调，包括大湾区和其他地区之间的合作。协调机制最重要的是形成一个统一的抉择制度，在中央的决策部署下，还需要三地的最高层面来推动合作。

第二，要制定详细、高水平、有深度的专项规划，推动重大任务落地。要把规划做好，规划不是单独针对某个地区，而是发挥整个大湾区的综合优势。

第三，要有许多配套的改革举措。政府改革就是要放管服结合，提高效率、做好服务，为制定规划和发展蓝图提高实施推进效率，没有政府的改革举措，规划恐怕就是画画，最终错过发展机会。

第四，推动粤港澳大湾区建设，要有政治体制上的保障。加强政治体系保障，围绕更好发挥粤港澳三地的比较优势、破解制约要素流动等继续深化体制机制改革。此外，还要加强创新体制机制改革方面的政策研究，推动一批有重大实际作用和效应的改革措施落地。

第五，推动粤港澳大湾区建设还要发挥市场机制的作用。粤港澳大湾区市场开放程度高，要用更高要求和全球视野来推动大湾区的建设，就要让市场机制发挥更大的决定性作用，让大湾区的市场活力更大地激发出来。

第六，推进粤港澳大湾区建设要抓住一些重大的平台载体建设，比如《规划纲要》中提到的一些重大合作平台、特色平台和重要的园区，发挥其示范性引领作用，带动整个大湾区的发展。

当然，粤港澳大湾区涉及"一国两制"、三种货币、三个关税区，其政策敏感性比较强。推动粤港澳大湾区建设中，我们要坚持"一国两制"的方针，按照宪法和基本法办事，把握好建设节奏和方式，确保把大湾区建设这件好事、这件大事办实办好。

肇庆　　　广州　　　惠州
　　佛山　　东莞
江门　　中山　　深圳
　　珠海　　　香港
　　　澳门

第十二章

深圳：大鹏先飞作引领

　　深圳是大湾区建设的重要引擎。作为中国设立的第一个经济特区，深圳在粤港澳大湾区核心城市中又是一座最年轻的城市，同时也是极具发展潜力的城市。深圳本身的独特优势，加之城市文化所具备开放性、包容性、创新性等特质，正在加快推进建设中国特色社会主义先行示范区。本章主要解析深圳建设中国特色社会主义先行示范区的重大意义、深圳先行示范区的独特优势、深圳建设综合性国家科学中心的独特性、深圳在 5G 领域应先行一步、人工智能产业发展、深圳将进一步辐射带动周边地区深化合作、深圳与港澳优势进一步凸显发挥、法治城市建设、积极推动"软实力"走出去、面向港澳人士提供市民待遇、用好用足综合授权改革试点等问题。

主题词 深圳建设中国特色社会主义先行示范区意义重大

问：怎么看今天的深圳，中央支持深圳建设中国特色社会主义先行示范区有何深意？

答：经过改革开放40多年的奋力发展，深圳在经济基础、创新能力、市场主体培育、制度建设、对外开放等方面均累积形成了显著优势，已经成为一座充满魅力、动力、活力和创新力的国际化创新型城市。深圳已成为我国走向世界的窗口，也是世界了解中国的窗口，成为我国与世界经济循环、知识传播、文化交流、政策沟通的重要枢纽。深圳作为我国改革开放的一面旗帜，代表着我国先进生产力的发展方向，完全有条件有能力建设成为中国特色社会主义先行示范区、创建社会主义现代化强国的城市范例。中央支持深圳建设中国特色社会主义先行示范区，既是对深圳过去改革开放取得显著成绩的肯定，也是新时代寄予深圳新的嘱托与厚望。

中央明确支持深圳建设中国特色社会主义先行示范区，是奋力推进新时代中国特色社会主义伟大事业的重大举措，遵循了党中央在上个世纪创办经济特区的初衷，符合历史发展的潮流、时代发展的大势，意义重大，有利于在更高水平上全面深化改革和扩大对外开放、有利于更好推进粤港澳大湾区建设、有利于率先探索全面建设社会主义现代化强国新路径，应从服务支撑实现中华民族伟大复兴中国梦的高度，来深刻认识、领会和把握中央的战略意图。

主题词 深圳这个先行示范区与以往大有不同

问：深圳先行示范区的重磅政策出台，资本市场的直接表现就是深圳本地股出现了涨停潮，说明这个政策被市场认为是重大利好，请简单梳理一下为什么这个示范区的文件那么重要。

答：《中共中央 国务院关于支持深圳建设中国特色社会主义先行示范区的意见》（以下简称《意见》）正式发布后，短期内资本市场就给出了正面积极的回应，充分放映了一致看好的投资预期。文件的重要性，政策的利好，不言而喻。

一是从大的方面来看，过去围绕改革创新，我们国家在重点领域、重点区域先后推动建设了一大批先行区、示范区，但深圳这一次先行示范区，不是某个领域上的先行示范，与以往都不同，它是对中国特色社会主义事业发展的先行示范，要全领域、前瞻战略引导性推动实施一批改革创新举措。

二是从推动实体经济发展来看，《意见》点名以深圳为主阵地建设综合性国家科学中心，支持深圳建设 5G、人工智能、网络空间科学与技术、生命信息与生物医药实验室等重大创新载体，探索建设国际科技信息中心和全新机制的医学科学院，积极发展智能经济、健康产业等新产业新业态，打造数字经济创新发展试验区，显然在这些领域将会迎来新一轮的投资发展机遇。

三是在资本市场、金融市场领域也有一批重要改革创新举措，例如，研究完善创业板发行上市、再融资和并购重组制度，创造条件推动注册制改革，支持在深圳开展数字货币研究与移动支付等创新应用，推进人民币国际化上先行先试等，都将进一步有利于释放资本市场潜力，提升深圳的金融中心地位。

小贴士　深圳推进数字政府和智慧城市建设

深圳深入推进数字政府和智慧城市建设，2019 年，"i深圳"APP 累计整合近 4700 项政务服务事项、居全国前列，98% 的行政审批事项实现网上办理，94% 的行政许可事项实现"零跑动"，企业和个人政务办事需提交的材料减少 70%。区块链电子发票引领全国，商事登记等近 200 个事项实现"秒批"，企业注销业务办理时限压缩到 1 个工作日以内，办税事项平均耗时下降 40%。

主题词 深圳建设综合性国家科学中心备受期待

问：深圳一直被称为科技创新之都，而且要建设第四个综合性国家科学中心，我们知道全国已经有北京怀柔、上海张江、安徽合肥三个综合性国家科学中心，那么深圳的综合性国家科学中心又有哪些不同？独特性体现在哪里？

答：综合性国家科学中心是实施创新区域发展战略和国家创新体系建设的重要载体平台，建设综合性国家科学中心，将有利于汇聚世界一流科技创新资源，面向世界科技前沿、面向国家战略发展需要、面向经济主战场，必然突破一批重大科学难题和前沿性科技瓶颈，根本性提升原始创新能力。

目前，已经推动建设的三个综合性国家科学中心，在重点攻坚领域各有侧重，如，北京怀柔重在物质科学、空间科学、地球科学等领域；上海张江聚焦生命、材料、环境、能源、物质等基础科学领域；安徽、合肥主要聚焦信息、能源、健康、环境等领域，如有量子信息与量子科技技术等。这三个综合性国家科学中心，目前都有具体建设方案。下一步，可以预见，在大湾区以深圳为主阵地推动建设综合性国家科学中心，也将会有具体的建设方案。在信息科学、生命科学、空间科学，甚至能源、材料科学等前沿交叉领域，深圳将会不断有新的创新性突破，促进深圳创新从跟跑、并跑到领跑转变。

小贴士　深圳开启科技创新新征程

2019 年，深圳新组建人工智能与数字经济省实验室、超滑技术研究所等研发机构，实施 50 个关键核心技术攻关项目。PCT 国际专利申请量、有效发明专利 5 年以上维持率稳居全国城市首位。位于西丽湖国际科教城内的鹏城实验室，成立短短一年多时间就集聚了 22 位院士、1600 多名科研人员，承担了一批重大科技专项，初步建成"云脑""云网"等四大科学装置，积极争取国家实验室在深圳布局。

主题词　深圳在 5G 领域应先行一步

问：《意见》中也提出了支持深圳建设 5G，对此该怎么看？

答：5G 技术的研发与推广应用，将会根本性地改变我们的生产生活方式，在未来一个时期是全球竞争发展的重要领域。

众所周知，深圳新一代信息技术科技及产业发展的土壤好，特别是华为在 5G 领域的发展处于世界领先地位，近两年深圳率先推动 5G 发展，从芯片和元器件生产、专利申请、网络建设、设备研发、应用创新等方面已经走在了全球前列，形成了相对完整的产业链条和产业生态。

支持深圳建设 5G 重大创新载体，就是依托已有的 5G 发展基础和条件，关键是要在核心关键技术环节继续攻坚克难，要取得更多新的重大突破性，在核心技术及其标准上持续建立起全球竞争力。同时，依托 5G 技术突破，要完善 5G 基础设施建设布局、构建更高水平的 5G 应用生态和现代化 5G 产业体系，也就是说不仅要在 5G 技术上突破升级，还要加快形成 5G 发展新经济增长点。

小贴士 5G 作用

中共中央政治局常务委员会 2020 年 3 月 4 日召开会议，强调加快 5G 网络、数据中心等新型基础设施建设进度。5G 被认为是七大"新基建"的领头羊，也是人工智能、大数据中心等领域的信息联结平台。5G 投资将直接带来电信运营业、设备制造业和信息服务业快速发展，并通过产业间的关联效应，带动各行业扩大信息通信技术应用投资，增强投资带动递增效应，将与人工智能、数据中心等数字基础设施一起，构建一个全社会广泛参与、跨行业融合创新的生态系统。

主题词 看好深圳人工智能产业发展

问：人工智能行业的未来发展如何，谈谈您的观点？

答：智能化是新一轮科技革命的突出特征，也是新一代信息技术的核心。人工智能的深度和广泛应用，是未来经济的重要特征和表现形式。

为抢抓人工智能发展机遇，抢占人工智能发展制高点，推动人工智能与实体经济融合发展，打造人工智能产业集群，2019年5月10日，深圳市人民政府印发了《深圳市新一代人工智能发展行动计划（2019—2023年)》，提出要将深圳发展成为我国人工智能技术创新策源地和全球领先的人工智能产业高地。

《意见》中，也明确支持深圳人工智能发展，进一步体现深圳在人工智能领域发展的重要性。

可以判断，通过更加精准化、有力度的政策支持引导，深圳将在人工智能领域的基础理论研究、核心关键技术研发突破、产业体系构建、应用场景建设等方面，走在全国乃至全球的前列，人工智能经济也将是未来经济增长的重要支撑带动点。

小贴士 《深圳市新一代人工智能发展行动计划（2019—2023 年)》

2019 年 5 月 10 日，深圳市人民政府印发《深圳市新一代人工智能发展行动计划（2019—2023 年)》，主要包括深圳市人工智能发展的指导思想、发展目标、主要任务以及保障措施等内容。《行动计划》明确了发展新一代人工智能的指导思想，即以大力突破核心关键技术为路径，以构建开放共享平台为支撑，以加快部署人工智能场景和应用为先导，以培育智能经济体系为主攻方向，夯实人工智能算法、芯片等核心基础环节，发展智能家居、图像识别等人工智能产品，推动人工智能特色应用示范，促进技术攻关、产品应用和产业培育"三位一体"发展，将深圳发展成为我国人工智能技术创新策源地和全球领先的人工智能产业高地。

主题词 深圳将进一步辐射带动周边地区深化合作

问：《意见》出台会对未来深圳、香港乃至整个大湾区的合作发展带来哪些变化？

答：深圳是粤港澳大湾区的核心引擎城市。深圳建设中国特色社会主义先行示范区，自然会提升核心引擎功能，有利于支撑带动整个粤港澳大湾区建设发展。

从合作层面来看，面向港澳，应该会推动合作进一步深化，提升到一个更高的层次和水平，《意见》明确促进与港澳金融市场互联互通和金融（基金）产品互认，深化前海、深港科技创新合作区等重大平台建设、支持深圳建设粤港澳大湾区大数据中心，这些都将进一步更好发挥港澳在人才、科技、金融、国际贸易等方面的独特优势，也有利于拓展港澳的发展空间。

面向大湾区甚至整个广东省，深圳在未来科技、未来产业、未来城市建设等领域的率先发展，不仅起到示范带动作用，而且近水楼台先得月，无论是合作、协作、配套还是互补，都将有利于周边城市在技术研发及成果转化应用、产业发展等方面获得更多的新空间。

小贴士 **《关于推动深圳银行业和保险业支持粤港澳大湾区和中国特色社会主义先行示范区建设的指导意见》**

2020年3月13日，深圳银保监局正式对外发布《关于推动深圳银行业和保险业支持粤港澳大湾区和中国特色社会主义先行示范区建设的指导意见》，文件官宣成立推进粤港澳大湾区和先行示范区建设工作领导小组，强调"完善现代金融体系，有效防范化解金融风险，为'双区'（大湾区及中国特色社会主义先行示范区）建设提供有力的金融支持"。并进一步明确，推动设立保险服务中心，有序推进深圳与港澳金融市场互联互通和金融产品互认。这意味着中国的金融业改革，将再次从深圳出发。

主题词 深圳与港澳优势会进一步凸显发挥

问：深圳先行示范区政策推出后，市场中有观点认为，"加强深圳建设，会弱化港澳的区位优势"，对此您的观点是什么？

答：我的观点恰恰是相反的。2019年2月18日，中共中央、国务院正式对外印发了《规划纲要》，明确支持香港、澳门融入国家发展大局。这一次，中共中央、国务院出台支持深圳建设中国特色社会主义先行示范区的意见，有利于更好推进粤港澳大湾区建设。两份文件，在全面深化改革、全面扩大对外开放、丰富"一国两制"事业发展新实践等方面的战略意图是一致的。

改革开放40多年的实践证明，深圳的发展离不开港澳的贡献，新时代深圳的建设，不仅要继续发挥和利好港澳的优势，还要积极为港澳发展拓展新空间，包括在科技创新、新产业培育以及金融、商贸、物流等现代服务业等方面深化合作，在经济上实现抱团发展、一体化发展，形成整体竞争力和影响力。比如，深圳和香港在科技创新、金融领域的合作，完全可以打造成为具有全球影响力和领先水平的科技创新中心、金融枢纽。

主题词　法治城市建设是城市现代化的必然之路

问：《意见》特别提出了深圳要加强法治城市建设，规范政府和市场的边界，对此该怎么看？

答：法治城市建设是城市治理现代化的必然要求。《意见》明确深圳的一个重要战略定位是"法治城市示范"，强调要用足用好经济特区立法权，明确支持深圳实施综合授权改革试点，强化法制政策保障。这就是从法治层面为深圳建设中国特色社会主义先行示范区保驾护航。

划清政府和市场边界一直是个难题。用法治规范政府和市场边界，建设国际一流法治化营商环境，提升政府依法行政能力，将有利于减少政府不必要的干预，更好发挥市场配置资源的决定性作用，更多运用市场机制来配置和汇聚全球优质资源，有利于培育壮大本地企业，和面向全球吸引更多市场主体，并激活市场主体的活力潜力，这对于深圳推进改革开放再出发至关重要。所以，非常期待深圳率先在法治城市建设上能有更多新的突破和作为。

小贴士 《前海落实〈粤港澳大湾区发展规划纲要〉法治建设行动方案（2019—2022）》

深圳市委全面依法治市委员会办公室于2019年9月17日印发《前海落实〈粤港澳大湾区发展规划纲要〉法治建设行动方案（2019—2022）》，在深化司法体制综合配套改革方面，重点强调与港澳的合作：完善涉港澳商事案件管辖制度；建立粤港澳大湾区司法合作平台，建立与港澳司法机构信息查询互通平台，争取下放与港澳司法机构交流与合作审批权限；探索建立国际区际商事调解协议司法确认机制，推动建立深港澳统一的调解员资格认定制度等。

主题词 深圳要积极推动"软实力"走出去

问：既要"引进来"，还要"走出去"。深圳的"走出去"优势在哪里？有哪些计划特别值得投资者注意？

答："引进来"和"走出去"对深圳来说同样重要，这也体现了深圳作为全球城市在要素配置上的枢纽功能。深圳在科技创新国际合作、产能走出去、国际金融贸易服务、国际物流发展、国际商务平台建设等方面都具有显著优势。

　　未来，投资者不仅要聚集看得见的"物"的走出去，例如，海外港口、交通等基础设施投资、产能合作、境外园区建设；还应聚焦"软实力"走出去，即服务、知识、模式的输出，加快推进建设运用模式、技术标准、认证检验、管理流动等方面的国际化进程。在此过程中，不要忘记充分发挥好港澳作为自由经济体在对外开放平台上的特色作用，要借势借力抱团走出去。

小贴士　深圳企业加快"走出去"步伐

　　数据显示，深圳外贸出口规模连续 26 年居内地大中城市第一位。与此同时，深圳企业"走出去"的步伐也在加快，2016 年，深圳实际对外直接投资首次超越了实际利用外资，截至 2018 年底，深圳企业已在全球141 个国家及地区累计直接投资设立企业和机构 6572余家，在外协议投资总额达到 491.23 亿美元，对外投资规模越来越大，投资形态日趋多样化，由以境外贸易"销售窗口"形式为主，发展到生产、服务、研发、资源开发、资本运作等多种投资合作形式。

主题词 面向港澳人士提供市民待遇

问：深圳还提出要面向港澳人士提供市民待遇，提供创业扶持，保障教育、医疗等公共服务，完善住房长效机制建设，对此怎么分析？

答：先行示范区建设的成果说到底还是要体现在民生上，《意见》提出率先形成共建共治共享共同富裕的民生发展格局，提出很高的民生发展水平，既充分保障民生发展需求，还要体现公平。

发展实体经济，支持和鼓励创新创业就业，提供更多就业岗位，提高居民收入是老百姓关心的头等大事，深圳作为投资兴业的热土，相信它的发展机会会越来越多。

充分保障提供更高质量更高水平的教育、医疗等基本公共服务，完善社会保障体系，是政府在民生公共产品上兜底，同样是大家关切所在。推进在深圳工作和生活的港澳居民民生方面享有"市民待遇"，这就为港澳居民到深圳发展提供了充分保障，为港澳居民解决了到深圳发展的后顾之忧。建立和完善房地产市场平稳健康发展长效机制，就是要充分保障居民住房需求，确保深圳新老居民都有房住、住得起房。这些民生领域政策的实施，将有利于深圳打造高品质的优质生活圈，相信能够让深圳居民感受到实实在在的收获。

主题词 用好用足综合授权改革试点

问：深圳是中国经济特区、国家创新型城市。在推进粤港澳大湾区建设的过程之中，深圳接下来应重点突破哪些方面来推动先行示范区的建设？

答：深圳建设中国特色社会主义先行示范区的政策亮点，最重要的是通过采用综合授权方式，打开深圳未来长足发展空间。深圳前期的发展是"摸着石头过河"，没有太多束缚。当改革进入深水区，深圳今后面临的挑战将会更多，"爬坡过坎""滚石上山"，都是体制机制的束缚。这种情况下，必须打破壁垒，拓展改革空间，建立容错机制，保护基层改革热情。

因此，综合授权对于推动深圳在探索制度开放创新方面是十分重要的，体现在三方面。

一是《意见》第五条，关于"加快构建现代产业体系"里提出，"要开展市场准入和监管体制机制改革试点，建立更具弹性的审慎包容监管制度"，这项政策说明中央的行政权力可能收缩，更多的会给地方以自由裁量权。

二是《意见》第八条，关于"全面提升民主法治建设水平"里提出，"允许深圳立足改革创新实践需要，根据授权对法律、行政法规、地方性法规作变通规定"，这意味着可以暂停或者终止部分法律和行政法规在深圳的适用，这将是很灵活、很有效的一条政策。

三是《意见》第十八条，本《意见》提出的各项改革政策措施，凡涉及调整现行法律的，按法定程序向全国人大和常委会提出相关议案，经授权或者决定后实施，这说明综合授权是依法依规的，深圳的改革是在法制框架下进行的。

未来大湾区要取得早期收获，有哪几步先手棋，或者深圳落实《意见》时应该做什么？

第一，建立容错机制，容错机制先行，为各级干部勇于改革创新提供制度保障；第二，建立人才特区，这是深圳的当务之急，虽然现在深圳建立了诺贝尔奖科学家实验室、院士（专家）工作站，但还是缺乏顶尖人才，建议建立一个人才特区，创新引才用才机制，深圳在这方面必须先行一步；第三，与周边协同，建设科创中心；第四，显著提升城市格局，现在深圳的科技创新在国际上有一定的知名度，但离成为一个全球标杆城市还有很长的距离要走。

深圳可以基于粤港澳大湾区的框架，充分利用好《意见》的相关政策，打造健康湾区，发挥港澳在医疗方面的优势，密切粤港澳三地的医疗合作，实现"率先形成共建共治共享共同富裕的民生发展格局"的历史使命。从具体操作层面来看，深圳可以建一个世界级诊疗中心，带动形成国际一流旅游目的地。比如，美国有国立综合癌症网络（简称"NCCN"）等。此外，深圳还可以从携手打造大湾区科技创新中心，建设国际教育示范区，构建湾区大学系统，尝试建设全球海洋中心城市，推进深圳"时尚＋"国际时尚之都建设等方面探索。

附　录

粤港澳大湾区概况

肇庆　　　广州　　　惠州
　　佛山　　东莞
江门　中山　　深圳
　　珠海　　　香港
　　　澳门

广　州

广州，简称"穗"，别称羊城、花城，是广东省省会、副省级市、国家中心城市、超大城市，国务院批复确定的中国重要的中心城市、国际商贸中心和综合交通枢纽。截至2018年，全市下辖11个区，总面积7434平方千米，建成区面积1249.11平方千米，常住人口1530.59万人，城镇化率86.46%。

广州地处中国南部、珠江下游、濒临南海，是中国南部战区司令部驻地，国家物流枢纽，国家综合性门户城市，首批沿海开放城市，是中国通往世界的南大门，粤港澳大湾区、泛珠江三角洲经济区的中心城市以及一带一路的枢纽城市。

广州是首批国家历史文化名城，广府文化的发祥地，从秦朝开始一直是郡治、州治、府治的所在地，华南地区的政治、军事、经济、文化和科教中心。从公元三世纪起成为海上丝绸之路的主港，唐宋时成为中国第一大港，是世界著名的东方港市，明清时是中国唯一的对外贸易大港，也是世界唯一两千多年长盛不衰的大港。

广州被全球权威机构GaWC评为世界一线城市，每年举办的中国进出口商品交易会吸引了大量客商以及大量外资企业、世界500强企业的投资，国家高新技术企业达8700多家，总量居全国前三，集结了全省80%的高校、70%的科技人员，在校大学生总量居全国第一。广州人均住户存款均居全国前三位，人均可支配收入居全省第一位。广州人类发展指数居中国第一位，国家中心城市指数居中国第三位。福布斯2017年"中国大陆最佳商业城市排行榜"居第二位；中国百强城市排行榜居第三位。

广州地处中国南部、广东省中南部、珠江三角洲中北缘，是西江、北江、东江三江汇合处，濒临中国南海，东连博罗、龙门两县，西邻三水、南海和顺德，北靠清远市区和佛冈县及新丰县，南接东莞市和中山市，隔海与香港、澳门相望，是海上丝绸之路的起点之一，中国的"南大门"，是广佛都市圈、粤港澳都市圈、珠三角都市圈的核心城市。

广州管辖的城市总面积7434.4平方千米，市本级统筹区即越秀、海珠、荔湾、天河、白云、黄埔、南沙，简称"老七区"。东山、芳村、萝岗原为老七区之一，后因合并而撤销，南沙为新的老七区组成部分。老四区原指越秀区、东山区、海珠区、荔湾区，但是区域调整之后，就采用老三区（老城区），指越秀、荔湾、海珠；新四区为番禺区、花都区、从化区、增城区。

截至 2020 年，广州市常住人口约 1500 万人，城镇化率为 86.46%。年末户籍人口 985.11 万人，全年户籍出生人口 14.86 万人，出生率 15.33‰；死亡人口 6.19 万人，死亡率 6.39‰；自然增长人口 8.67 万人，自然增长率 8.94‰。户籍迁入人口 26.67 万人，迁出人口 4.06 万人，机械增长人口 22.61 万人。

2020 年，广州市实现地区生产总值 25019.11 亿元，同比增长 2.7%。

广州已形成汽车、石油化工、电子、电力热力生产供应、电气机械及器材制造、批发零售、金融、房地产、租赁和商务服务、交通运输 10 个千亿级产业集群。先进制造业增加值占规模以上制造业增加值比重的 65.6%。广州正大力实施 IAB 计划（新一代信息技术、人工智能、生物医药）和 NEM 计划（新能源、新材料），打造若干个千亿级产业集群，打造国际科技产业创新中心。广州是"'中国制造 2025'试点示范城市"。

2017 年，广州汽车产量达 310.8 万辆，产量居全国第一。2016 年，广州汽车工业总产值达 4346.27 亿元，成为第一大支柱产业。2017 年，广州市软件和信息服务业营业收入首次突破 3000 亿元，增长 18% 左右，已成为支柱产业之一。2017 年实现金融业增加值 1998.76 亿元，同比增长 8.6%，占 GDP 的比重达 9.3%，成为广州市第五大支柱产业和第四大经济增长引擎。广州智能装备及机器人产业规模已近 500亿元，机器人生产量在全国排第二位，已形成从上游关键零部件、中游整机到下游系统集成的机器人完整产业链条。广州市邮政业务业务总量突破 600 亿元，其中快递业务量完成 28.67 亿件，居全国第一。跨境电子商务规模居全国第一。

广州总部经济发展能力位居中国第三位，稳居总部经济发展第一能级城市范围内。广州已吸引了全球 130 多个国家和地区的投资者前来投资兴业，并与全球 220 多个国家和地区保持贸易往来。截至 2017 年 9 月底，累计有 3 万家外商投资企业在广州落户。297 家世界 500 强企业已在广州设立 921 个项目，其中 120 家把总部或地区总部设在广州。广州互联网企业超过 3000 家，诞生了微信、唯品会、YY 语音、酷狗音乐、网易、UC 浏览器、虎牙直播等，广州网络游戏产业营收就占全国近三成。

2017 年，广州新增高新技术企业 4000 家以上，增量仅次于北京，总数超过 8700 家。2017 年广州专利申请量 11.8332 万件，同比增长 33.3%，其中发明专利申请量 3.6941 万件，同比增长 29.5%；PCT 国际专利申请量 2441件，同比增长 48.7%；发明专利授权量 9345 件，同比增长 21.9%。广州硬科技发展指数居全国前三位。2018 年 1—6

月，广州专利申请量达 85526 件，同比增长 52.8%。

以广州为首的珠三角 9 市将联手港澳打造粤港澳大湾区，成为世界四大湾区之一。广州被联合国评为全球发展最快的超大城市第一位。2016 年、2017 年中国城市新分级名单居第三位。美国商会 2018 年中国最受欢迎的投资城市第一位。2016 年、2017 年《机遇之城》报告，广州均居中国城市第一位。

广州拥有 82 所高校，在校大学生总数达 113.96 万人，数量居全国第一；广州集结了全省 97% 的国家重点学科、80% 的高校，是中国高等教育最发达的城市之一，也是中国南方高校最密集的城市，华南地区的科教中心。北京大学经济学院华南分院落户广州。清华大学五道口金融学院产学研基地已明确落户广州。中国科学院大学广州学院正式落户。香港科技大学将在广州南沙建设分校区。

广州白云国际机场建于 20 世纪 30 年代，是中国三大国际航空枢纽机场，国家"一带一路"倡议和"空中丝绸之路"重要国际航空枢纽。飞行 4F 级。已成为中国面向东南亚和大洋洲地区的第一门户枢纽。开通国际航线 149 条，通达亚、非、欧、北美和大洋洲五大洲共 200 多个国家和地区。

广州港是华南地区最大的综合性主枢纽港。

广州公交车有市区巴士（含夜线）、广州 BRT、城际巴士、机场专线、大学城专线（广字头、大学城字头）、华南楼巴、旅游线、高峰专线、科学城专线、商务线、地铁接驳线等路线；其中花都区、番禺区、南沙区三个郊区有自己的公交系统，萝岗 K01、K02 为免费巴士。

截至 2020 年 12 月 31 日，广州地铁共有 14 条运营线路（1 号线—21 号线、广佛线及 APM 线），总运营里程为 553.2 千米，282 座车站，开通里程居全国第四、世界前五，日均客流量预计达 905.75 万人次。广州地铁最高日客运量为 2019 年 12 月 31 日的 1156.94 万人次。

｜ 深 圳 ｜

深圳，简称"深"，别称"鹏城"，是广东省副省级市、计划单列市、超大城市，国务院批复确定的中国经济特区、全国性经济中心城市和国际化城市。截至 2019 年末，全市下辖 9 个区，总面积 1997.47 平方千米，建成区面积 927.96 平方千米，常住人口 1343.88 万人，城镇人口 1302.66 万人，城镇化率 100%，是中国第一个全部城镇化的城市。

深圳地处中国华南地区、广东南部、珠江口东岸，东临大亚湾和大鹏湾，西濒珠江口和伶仃洋，南隔深圳河与香港相连，是粤港澳大湾区四大中心城市之一、国家物流枢纽、国际性综合交通枢纽、国际科技产业创新中心、中国三大全国性金融中心之一，并全力建设中国特色社会主义先行示范区、综合性国家科学中心、全球海洋中心城市。深圳水陆空铁口岸俱全，是中国拥有口岸数量最多、出入境人员最多、车流量最大的口岸城市。

深圳之名始见史籍于明朝永乐八年（1410 年），清朝初年建墟，1979 年成立深圳市，1980 年成为中国设立的第一个经济特区，中国改革开放的窗口和新兴移民城市，创造了举世瞩目的"深圳速度"，被誉为"中国硅谷"。深圳在中国高新技术产业、金融服务、外贸出口、海洋运输、创意文化等多方面占有重要地位，也在中国的制度创新、扩大开放等方面肩负着试验和示范的重要使命。2019 年 12 月，位列 2019 中国城市创意指数榜第三名。2019 年 12 月，荣登年度中国城市品牌前 10 强。

深圳市辖 9 个行政区和 1 个新区：福田区、罗湖区、南山区、盐田区、宝安区、龙岗区、坪山区、龙华区、光明区以及大鹏新区。

深圳市是中国南部海滨城市，毗邻香港。位于北回归线以南，东经 113°43′ 至 114°38′，北纬 22°24′ 至 22°52′ 之间。地处广东省南部，珠江口东岸，东临大亚湾和大鹏湾；西濒珠江口和伶仃洋；南边深圳河与香港相连；北部与东莞、惠州两城市接壤。全市面积 1997.47 平方千米。

截至 2019 年末，深圳常住人口 1343.88 万人，比上年末增加 41.22 万人。其中常住户籍人口 494.78 万人，增长 8.8%，占常住人口比重为 36.8%；常住非户籍人口 849.10 万人，增长 0.1%，占比为 63.2%。

深圳市自改革开放以来，从单一的民族成分，发展到 2002 年已拥有 55 个少数民族，是继北京之后全国第二座汇聚齐 56 个民族成分的大城市，被国家列为全国 12 个少数民族流动人口服务管理体系建设工作试点城市之一。2013 年，全市少数民族人口 109 万人，超过上海、北京、广州，成为全国少数民族人口聚居最大的城市。年内，深圳市 1 万人以上的少数民族有 12 个，常住人口中少数民族人口最多的是壮族，其次是土家族、苗族、侗族、瑶族、回族、布依族、满族、彝族、朝鲜族、蒙古族、黎族。

改革开放政策加之特殊的地缘环境，造就了深圳文化的开放性、包容性、创新性，成为新兴的移民城市，形成独特的移民文化。2002 年，深圳已拥有 55 个少数民族，是继北京之后全国第二座汇聚齐 56 个民族的大城市。

2018 年深圳流动人口增量达到 49.83 万人。

深圳是中国经济中心城市之一，经济总量长期位列中国大陆城市第四位，现位列上海和北京之后，是中国大陆经济效益最好的城市之一。英国《经济学人》2012 年"全球最具经济竞争力城市"榜单上，深圳位居第二。

2011 年底，深圳市长途客运班线覆盖省内各市县，辐射香港、澳门及内地 20 多个省（自治区、直辖市）。随着珠三角区域交通一体化和高速公路联网的实现，深圳作为国家级交通枢纽城市的地位进一步巩固。

深圳是国家铁路枢纽城市，贯穿中国大陆的两条主要铁路干线——京广铁路和京九铁路在深圳交汇，基本明确了深圳"东西贯通、南北终到"的铁路布局，并新增西丽站作为深圳第二座高铁主站。广九铁路、厦深铁路、穗深城际铁路建成通车。火车站有深圳站、深圳北站、深圳西站、深圳东站（原布吉火车站）、福田站、深圳坪山站、深圳机场站、深圳机场北站、光明城站等。

深圳港拥有的港口主要有：蛇口码头、福永码头、盐田码头、赤湾码头、妈湾码头、内河码头、东角头码头、下桐沙渔涌码头、大铲湾码头。深圳宝安国际机场位于宝安区，1991年正式通航，飞行等级为4F级。宝安机场是全国区域性枢纽机场，是仅次于上海浦东国际机场、北京首都国际机场、广州白云国际机场的中国第四大航空港，为世界百强机场之一。

深圳口岸是全国最繁忙的口岸之一，拥有经国务院批准对外开放的一类口岸15个，其中包括中国客流量最大的旅客出入境陆路口岸——罗湖口岸，24小时通关的皇岗口岸，以及中国首个内地与香港无缝接驳的地铁口岸——福田口岸，唯一"一地两检"的陆路口岸——深圳湾口岸。2016年经深圳口岸出入境人员2.39亿人次，日均65.6万人次；全年共查验交通运输工具1583.63万辆次，日均4.33万辆次。

深圳海陆空铁口岸俱全，是中国拥有口岸数量最多、出入境人员最多、车流量最大的口岸城市。深圳海关直属中华人民共和国海关总署领导，业务管辖区域包括深圳市及惠州市。深圳口岸是全国最繁忙的口岸之一，深圳海关也是全国任务最繁重的海关之一。深圳海关为企业提供"24小时预约通关"等个性化服务。

深圳市边境是靠近香港新界北区的，包括罗湖区、盐田区、福田区及沿海的南山区，是中国拥有最多陆路口岸的城市，在深圳各处连接香港，市民及来访游客可以凭旅游证件方便来往深港两市之间。

深圳地铁（Shenzhen Metro）是指服务于中国广东省深圳市的城市轨道交通，其第一条线路于 2004 年 12 月 28 日正式开通运营，使深圳成为中国大陆地区第 5 个拥有地铁系统的城市。截至 2020 年 10 月，深圳地铁已开通运营线路共11 条，分别为：1 号线、2 号线、3 号线、4 号线、5 号线、6 号线、7 号线、8 号线、9 号线、10 号线、11 号线。深圳地铁运营线路总长 411 公里，地铁运营总里程居中国第 5，构成覆盖深圳市罗湖区、福田区、南山区、宝安区、龙华区、龙岗区、光明区、盐田区八个市辖行政区的城市轨道网络。

2010 年 11 月，交通运输部与深圳市人民政府签订了《共建国家"公交都市"示范城市合作框架协议》，全面启动公交都市建设。截至 2010 年底，深圳市共有公交线路 756 条，公交车辆 1.25 万台，全年公共交通客流量达 24.43 亿人次。深圳现有公交线路近 854 条，与内地其他城市有所不同，深圳公交有干线、支线、快线三种类型，不同类型的巴士线路车身颜色不同。

| 珠　海 |

珠海，广东省地级市，珠江口西岸的核心城市。珠江三角洲中心城市之一、粤港澳大湾区重要节点城市、省域副中心城市、中国最早设立的四个经济特区之一，是全国唯一以整体城市景观入选"全国旅游胜地四十佳"的城市，中国海滨城市、新型花园城市、国家新颁布的"幸福之城"。珠海是广府文化的代表城市之一。

珠海位于广东省中南部，东与香港、深圳隔海相望，南与澳门相连，与澳门相距9公里，横琴新区与澳门隔江相望。西邻江门市，北与中山市接壤。设有拱北、九洲港、珠海港、万山、横琴、斗门、湾仔、珠澳跨境工业区、港珠澳大桥珠海公路口岸等国家一类口岸9个，是珠三角中海洋面积最大、岛屿最多、海岸线最长的城市，素有"百岛之市"之称。

珠海市陆地面积有1711平方千米，2019年末人口202.37万人，2020年完成地区生产总值3481.94亿元，同比增长3.0%，人均GDP17.55万元。

珠海1979年建市，1980年设立经济特区，享有全国人大赋予的地方立法权。2013中国城市可持续发展指数报告珠海综合排名全国第一。珠海先后荣获"双拥模范城""全国精神文明建设十佳城市""国家园林城市""国家卫生城市""国家级生态示范区""中国十大魅力城市""中国十佳宜居城市""中国优秀旅游城市""中国最具幸福感城市""国家森林城市""中国生态文明奖"等称号；联合国人居中心颁发的"国际改善居住环境最佳范例奖""中国最具有幸福感城市"。2020 年 2 月，被确定为第五批中央财政支持开展居家和社区养老服务改革试点地区。

珠海经济特区自诞生之日起，就肩负着为中国社会主义改革开放和现代化建设先行探路的使命。1980 年 8 月，在邓小平的倡导下，中央正式决定把珠海、深圳等四个城市设立为经济特区，由此拉开了珠海经济特区发展的序幕。邓小平同志于 1984 年、1992 年两次视察珠海，并题词"珠海经济特区好"。党的十八大召开后不到一个月，习近平总书记首次离京视察来到广东并亲临珠海，勉励珠海大胆地试、大胆地闯，做到改革不停顿、开放不止步，深化粤港澳合作，努力相互促进、互利共赢。2018 年 10 月，习近平总书记再次来到珠海视察指导，出席港珠澳大桥开通仪式，宣布大桥正式开通，要求珠海高举新时代改革开放旗帜，以更坚定的信心、更有力的措施把改革开放不断推向深入。

珠海是珠江三角洲中心城市之一。2008 年，国务院颁布实施珠江三角洲地区改革发展规划纲要（2008—2020 年），明确珠海为珠江口西岸的核心城市。2017 年 12 月，广东省政府提出将定位以广州、深圳为主中心，把珠海、汕头、湛江打造成省域副中心城市。

珠海是东南沿海重要的风景旅游城市。珠海是全国唯一以整体城市景观入选"全国旅游胜地四十佳"的城市、中国海滨城市、新型花园城市。2013 中国城市可持续发展指数报告珠海综合排名全国第一；珠海属国家新颁布的"幸福之城"，有"浪漫之城"的称号；珠海属 2018 中国大陆最佳地级城市 30 强。

珠海经济发展良好。2020 年，珠海实现地区生产总值 3481.94 亿元，同比增长 3.0%。第一产业增加值 60.02 亿元，同比增长 1.6%；第二产业增加值 1510.86 亿元，同比增长 1.8%；第三产业增加值 1911.06 亿元，同比增长 4.1%。

珠海的海岸线长 691 公里，故有"百岛之市"的美誉。在珠江口辽阔的水域上，大大小小的岛屿星罗棋布，计有 146 个，其中大部分集中于东部海域的万山群岛。

珠海市气候宜人，冬夏季风交替明显，终年气温较高，偶有阵寒，年、日温差小，属南亚热带与热带过渡型海洋性气候。全市太阳能丰富，热量充足，1979—2000 年年均日照时数为 1875.2 小时，太阳辐射年总量为 4651.6 兆焦 / 平方米。全市气温比邻近珠江三角洲各县市都高，年平均气温为22.5℃，大部分地区全年无霜冻，是该省南亚热带地区热量最丰富的地区之一。

珠海区位优越，东邻香港，南与澳门陆路相接。2018年港珠澳大桥的开通，使珠海成为中国大陆唯一一座与香港和澳门直接陆路相连的城市。珠海拥有国际先进水平的珠海金湾国际机场和华南第一深水港——珠海港。广珠铁路、广珠城际轻轨、珠机城轨等一系列轨道交通的建成，使珠海成为连接我国西南地区与港澳间的交通枢纽和珠三角区域性中心城市。珠海是我国重要的口岸城市。设有拱北、九洲、高栏、万山、横琴等国家一类口岸9个，二类口岸7个。拱北口岸是我国第二大陆路口岸，九洲口岸是我国最大的水路客运口岸。

佛 山

佛山，简称"禅"，是广东省地级市，国务院批复确定的中国重要的制造业基地、珠三角地区西翼经贸中心和综合交通枢纽。截至 2018 年，全市下辖 5 个区，总面积 3797.72 平方千米，建成区面积 373 平方千米，常住人口 790.57 万人，城镇人口 750.73 万人，城镇化率 94.96%。

佛山地处中国华南地区、广东省中部、珠三角腹地，毗邻港澳、东接广州、南邻中山，与广州共同构成"广佛都市圈"，大力推进广佛同城化合作，打造国际大都市区，是珠江三角洲城市之一、粤港澳大湾区重要节点城市，"广佛肇经济圈""珠江—西江经济带"的重要组成部分。佛山是中国重要的制造业基地，全国民营经济最为发达的地区之一，在广东省经济发展中处于领先地位。

佛山是国家历史文化名城，历史上是中国天下四聚、四大名镇之一，有陶艺之乡、武术之乡、粤剧之乡之称，是中国龙舟龙狮文化名城，粤剧的发源地，广府文化发源地和兴盛地以及传承地之一。佛山自古经济发达，商业繁荣，文教鼎盛，自唐朝至清朝光绪三十年（1905 年），佛山有文进士 786 人，武进士 98 人，举人近 4000 人。其中文状元 5 人、榜眼 3 人、探花 3 人、会元 7 人、解元 25 人。佛山前身为管辖珠江三角洲的粤中行署、佛山专区。

佛山位于广东省中南部，珠江三角洲腹地，东倚广州、西接肇庆、南连珠海、北通清远、毗邻港澳，地理位置十分优越。境内地势平缓，多为冲积平原，河渠纵横，鱼塘密布。年平均气温 23.2℃，1 月平均气温 12.8℃，7 月平均气温 27.3℃。年均降雨量 1630 毫米。明清时为中国四大名镇之一，现为粤中重镇，工厂企业集中，工业门类齐全，轻工业尤为发达。纺织、陶瓷、家用电器、电子、塑料为佛山 5 大支柱工业，食品、皮革、化工、印刷、建材、制药、五金、造纸，铸造和机械等行业也有相当基础。

禅城区——位于佛山市中心，面积 154.09 平方公里，常住人口 123 万人。截至 2018 年，禅城区下辖南庄镇和祖庙、石湾镇、张槎 3 个街道，145 个村（社区）。禅城区有着优越的地理环境和自然条件，地处珠江三角洲腹地，境内河流纵横，地势平坦，土地肥沃，气候温和，特产丰富，经济文化一向较为发达。禅城区东距南方大都市广州仅 6 公里，东南距香港 96 公里，南距澳门 135 公里，广珠（海）、广湛（江）公路和广茂铁路横贯境内，距佛山机场仅 6 公里，是个适合发展经济的好地方。禅城区拥有被外国朋友誉为东方民间艺术之宫的名胜古迹"祖庙"、岭南四大名园之一的

"梁园"，以及凝聚中华武术精髓的"黄飞鸿博物馆"。禅城素有"南国陶都"的美誉，南风古灶、中国陶瓷城、华夏陶瓷城把陶都深厚的文化底蕴和独特魅力展现在世界的面前。

南海区——位于珠江三角洲腹地，紧连广州，邻近香港、澳门。辖区面积 1073.8 平方公里，户籍人口 160.06 万人。南海有着悠久的历史和深厚的文化底蕴。早在 6000 年前，就孕育出新石器时代的"西樵山文化"。秦始皇三十三年（公元前 214 年）设置南海郡。隋开皇十年（公元 590 年）设置南海县。千百年来，南海人民在这里辛勤劳作、开基拓业，创造出灿烂的文明，农业、手工业、商业曾盛极一时。进入近现代，更是名人辈出，涌现了康有为、陈启沅、詹天佑、邹伯奇、黄飞鸿等一大批熠熠生辉的杰出人物。1992 年，南海撤县设市。10 年间，勇于开拓、敢于创新的南海人创造了辉煌的业绩。20 世纪 90 年代，在全国综合实力百强县（市）评比中，南海连续两届名列第三，居广东之冠；2001 年，被评为全国县（市）社会经济综合发展水平的第二名。与 1992 年撤县设市时相比，2002 年，南海的国内生产总值增长 3.5 倍；工农业总产值增长 5.2 倍；财政总收入增长 14 倍；出口总值增长 3.4 倍；社会消费品零售总额增长 5 倍；城镇居民人均可支配收入增长 2.2 倍；农民人均纯收入增长 2 倍。

自 1995 年以来，南海积极实施"以信息化推动现代化"战略，以应用为龙头，全面推进国民经济和社会信息化建设，取得了实实在在的社会和经济效益，初步形成信息城市的雏形。

近年，南海还分别荣获全国创建文明城市工作先进城市、国家首批信息化试点城市、国家卫生城市、中国优秀旅游城市、广东省首批文明城市、广东省首批教育强市、广东省文化先进市、广东省现代化科技示范城市、广东省信息化综合示范城市等称号。

2003 年 1 月 8 日，南海撤市设区，区政府驻桂城，辖 11 个镇、6 个街道。辖区面积 1073.82 平方公里，户籍人口 103.7 万。与时俱进的南海人正沿着党的十六大精神指引的方向，朝着全面建设宽裕的小康社会、率先基本实现社会主义现代化的目标阔步前进。

顺德区——位于珠江三角洲腹地，地势西北稍高，东南略低，除南部和西部有零星小山岗外，均为三角洲冲积平原，地势平坦，河涌纵横。年平均气温 21.9℃，1 月平均气温 13.1℃，7 月平均气温 28.7℃。年均降雨量 1649.9 毫米。夏秋常有台风。明景泰三年（1452 年）置顺德县，1959 年曾与番禺县合并置番顺县，1960 年恢复顺德县，1992 年撤县建市。面积 802 平方公里，人口 104 万。有华侨和港澳台同胞约 40 万人，是著名侨乡。辖 6 个街道办事处、6 个镇，区政府驻大良镇。向以桑基鱼塘、蔗基鱼塘闻名中外，是著名的塘鱼、糖蔗、蚕茧产区，塘鱼产量居全国首位，糖蔗、香蕉和花卉盆景生产在省内占重要地位。近几年农业规模经营和集约经营发展很快，逐步形成了专业化、集约化、企业化的雏形。工业有较好的基础，乡镇企业发展较迅速，除传统的缫丝、纺织、制糖工业外，目前已形成了机电、家用电器、燃气用具、纺织、印染、塑料、食品、饲料等工业体系。电风扇、燃气热水器、电冰箱、电饭煲、空调机、洗碗机、针织、服装等产品畅销国内外，2019 年区内生产总值 3523.18 亿元，被誉为广东经济发展迅速的"四小虎"之一。名胜古迹有清晖园、顺峰山旅游中心、西山庙等。土特产有金榜牛乳（即乳酪）、刺绣工艺品等。

三水区——明嘉靖五年（1526 年）建三水县，1959 年并入南海县，1960 年复设，1993 年撤县建市，2003 年撤市变区。面积 828 平方公里，人口 37.7 万人，是著名侨乡。辖 4 个街道办事处、7 个镇，市政府驻西南镇。境内西北部多为低山丘陵；中部、东北部为台地平原，坡度极平缓，多积水洼地；南部是台地围田。西江、北江、绥江流经境内。年平均气温 21.5℃，1 月平均气温 12.7℃，7 月平均气温 28℃。年均降雨量 1687 毫米。矿产资源主要有石油、天然气、煤、硫铁矿、石膏、油页岩、岩盐以及优质矿泉水等。隔坑盐矿，储量甚丰。农业持续稳定发展，人均产粮及商品粮均居全省前列，成为广东粮食生产基地。工业近年发展迅速，形成了以建材、饮料、纺织为三大支柱的工业体系。建材以生产水泥为主；饮料以健力宝、强力啤酒为主，其产值在全国饮料行业中名列前茅；纺织工业已形成纺、织、印染及成衣加工一条龙。制鞋、皮革、机械、通信器材等行业也蓬勃发展。2019年国内生产总值1258.76亿元。名胜古迹有建于南宋的芦苞祖庙、建于明代的魁岗文塔及森林公园、大南山等。本县土特产有河鲜、南边鸡、芦苞芥蓝、西南酱酒等。

高明区——明成化十年（1475年）置高明县，1959年与鹤山县合为高鹤县，1981年复设，1994年撤县建市，2003年撤市建区，属佛山市。面积954平方公里，辖3个街道办事处、7个镇，市政府驻荷城街办。人口27.3万人，有华侨及港澳台同胞10万人，为广东省著名侨乡。地势西南高、东北低，山地、丘陵、平原从西南到东北依次过渡。年平均气温21.4℃，1月平均气温12℃，7月平均气温27℃，年均降雨量1702毫米。矿产资源有煤、石灰石、锰，以及铁、水晶、铅、锌、独居石、高岭土等。粮食作物主要是水稻，经济作物主要有西瓜、花生、粉葛、木薯、莲藕、生姜、甘蔗、茶叶、蚕桑等。工业以塑料、纺织、建材、食品为主要支柱行业，中国大陆最大的纺织、染纱、织布、成衣一条龙的大企业正在建设中，产品有尼龙绸布、色织布、地板胶、旅游鞋、拉舍尔毛毯、水泥、羊毛衣等。2019年国内生产总值871.58亿元。旅游胜地有凌云山、鹿洞山、灵龟塔。土特产主要有合水西瓜、西安莲藕、杨梅山桔、更楼青梅、对川茶叶、三洲黑鹅、高明麻鸡等。

东 莞

东莞，别称"莞城"，是广东省地级市、国务院批复确定的中国珠江三角洲东岸中心城市。截至 2020 年 6 月，全市下辖 4 个街道、28 个镇，总面积 2465 平方千米，建成区面积 958.86 平方千米，常住人口 846.45 万人，城镇人口 763.86 万人，城镇化率 91.02%。

东莞地处中国华南地区、广东省中南部、珠江口东岸，西北接广州市，南接深圳市，东北接惠州市，是珠三角中心城市之一、粤港澳大湾区城市之一，为"广东四小虎"之首，号称"世界工厂"，是广东重要的交通枢纽和外贸口岸，也是全国 5 个不设区的地级市之一、新一线城市之一。

东莞是广府文化的代表城市之一，是岭南文化的重要发源地，中国近代史的开篇地和改革开放的先行地，广东重要的交通枢纽和外贸口岸，被列为第一批国家新型城镇化综合试点地区和广东历史文化名城。东莞有港澳同胞约 120 万人，海外华侨约 30 万人，是著名的华侨之乡、粤剧之乡，曾获得国家森林城市、国际花园城市、全国文明城市、全国篮球城市等称号。

2019 年 8 月，中国海关总署主办的《中国海关》杂志公布了 2018 年"中国外贸百强城市"排名，东莞排名第 3。

东莞市位于东江下游的珠江三角洲。因地处广州之东，境内盛产莞草而得名。介于东经 113°31′—114°15′，北纬 22°39′—23°09′。最东是清溪镇的银瓶嘴山，与惠州市惠阳区接壤；最北是中堂镇大坦乡，与广州市黄埔区和增城区、惠州市博罗县隔江为邻；最西是沙田镇西大坦西北的狮子洋中心航线，与广州市番禺区、南沙区隔海交界；最南是凤岗镇雁田水库，与深圳市宝安区相连。毗邻港澳，处于广州市至深圳市经济走廊中间。

东莞市公路交通十分发达，107 国道、广园快速路、东部快速干线、环莞快速路、广深高速公路、广深沿江高速公路、莞佛高速公路、常虎高速公路、莞深高速公路和从莞深高速公路贯穿东西南北，境内 4 条主干公路和 13 条联网公路均为一级公路。截至 2018 年底，全市公路通车里程 5265 千米，公路密度达到 213.6 千米/百平方千米，位居全省第一。拟建的花莞高速公路拉近广州白云国际机场同东莞的距离，在建的番莞高速公路将使过江交通更为便利，在建的河惠莞高速公路未来将继续拉近东莞和粤东北地区间的距离。2019 年完成虎门二桥、莞番高速沿江高速至广深高速段、从莞高速约场北互通工程建设，其中虎门二桥 5 月 1 日前建成通车，融入粤港澳大湾区水平明显提升。

东莞是中国南方重要的铁路城市，拥有多条干线铁路和城际铁路，设有国家一类客货口岸常平站。

由于坚持物质文明和精神文明一起抓，东莞社会稳定，人民安居乐业，良风美俗进一步弘扬，近年来，连续三次被评为全科教兴市先进城市，连续四次被评为全国双拥模范城，还被评为全国创建文明村镇工作先进市、全国民族团结进步模范集体、全国禁毒先进单位、全国两基教育先进市、全国卫生城市、全国体育先进市、广东省创建文明城市先进单位。

近年来，东莞市委、市政府根据省委领导同志的指示精神，结合本身发展实际，提出了把东莞建成以现代制造业名城为特色的现代化中心城市的战略目标，确立了"一网两区三张牌"的工作思路。即构筑以水、气、路、电为主的高标准基础设施网，提高城市承载能力，为城市经济提供新的发展平台；大力推进以东莞大道为纵向轴线的城市新区和规划控制面积达 72 平方公里的松山湖科技产业园的建设，从整体上提高东莞的聚集力和竞争力；要突出打造城市牌、外资牌、民营牌，加大科技兴市工作力度，营造新的增长动力和发展优势。争取用 5 年至 10 年的时间，把东莞建成 IT 产业发达、综合实力雄厚、创新功能突出、城市环境优美的现代化中心城市。

中　山

中山，古称"香山"，人杰地灵，名人辈出，是一代伟人孙中山先生的故乡。广东省地级市、全国 4 个不设区的地级市之一、珠三角中心城市之一、粤港澳大湾区重要节点城市、广东地区性中心城市之一、连续多年保持广东省第 5 的经济总量，并与顺德、南海、东莞一起被称为"广东四小虎"。

前身为 1152 年设立的香山县；1925 年，为纪念孙中山而改名为中山县，位于珠江三角洲中部偏南的西、北江下游出海处，北接广州市番禺区和佛山市顺德区，西邻江门市区、新会区和珠海市斗门区，东南连珠海市，东隔珠江口伶仃洋与深圳市和香港特别行政区相望。

中山是国家历史文化名城，是广府文化的代表城市之一，发祥于中山的香山文化是中国近代文化的重要源头，享有广东省曲艺之乡（粤剧）、华侨之乡的美誉。有旅居世界五大洲 87 个国家和地区的海外侨胞、港澳台同胞 80 多万人。

2019 年 8 月，中国海关总署主办的《中国海关》杂志公布了 2018 年"中国外贸百强城市"排名，中山排名第 29。

中山市地处珠江三角洲中南部，珠江口西岸，北连广州，毗邻港澳。总面积 1800 平方公里，户籍人口 142.3 万。

祖籍本市的海外华侨和旅居港澳台同胞共 80 多万人。1995年，辖 9 街道、24 镇：中山港街道、中区街道、东区街道、西区街道、郊区街道、环城区街道、岐江区街道、莲峰区街道、烟墩区街道、三乡镇、三角镇、大涌镇、小榄镇、五桂山镇、古镇镇、东凤镇、东升镇、民众镇、沙朗镇、沙溪镇、坦洲镇、坦背镇、板芙镇、阜沙镇、南头镇、南朗镇、神湾镇、浪网镇、黄圃镇、港口镇、翠亨村镇、横门镇、横栏镇。截至 2018 年底，中山市下辖 18 个镇、6 个街道，区域内含有 1 个国家级火炬高技术产业开发区和翠亨新区。市人民政府驻地东区街道。

中山市地形以平原为主，地势中部高亢，四周平坦，平原地区自西北向东南倾斜。五桂山、竹嵩岭等山脉突屹于市中南部，五桂山主峰海拔 531 米，为全市最高峰。中山市地处珠江三角洲中南部，东临伶仃洋，珠江八大出海水道中有磨刀门、横门、洪奇沥三条经市境出海。

中山站开通直达北京、上海、桂林、贵阳、南宁、郑州、昆明、长沙等数十个大中城市的高铁服务，南沙港铁路中山段动工建设；深中通道全面开工，中开高速、东部外环高速、西部外环高速动工建设，广中江高速三期、香海高速加快推进，在建高速公路里程达 215 公里，超过历年所建成高速公路里程的总和；105 国道南段、坦洲快线等 8 条干线公路动工建设，兴教路、轩朗路（二期）通车，长江路、康华路、景观路加快改造，坦洲宝珠南路、汇财街等跨界道路建成通车，打通翠沙路、富康北路、大沙南路等 5 条断头路；中山港新客运码头开工建设，中山至深圳机场水上客运航线通航。

中山民间艺术丰富，其中有中山民歌、舞龙狮鹤凤、崖口飘色等。中山是民歌之乡，民间流行的民歌有咸水歌、高棠歌、大缯歌、客家山歌、鹤歌、姑妹歌、渔鼓、龙舟、小调儿歌等，其中以咸水歌和高棠歌最有特色，这两种民歌已有 300 多年的历史，流行于坦洲镇等大沙田区。中山舞龙分为木龙、火龙、金龙、沙龙、草龙、游龙、板龙、云龙等 8 个种类。2006 年，坦洲咸水歌、小榄菊花会、沙溪凉茶被纳入国家级非物质文化遗产，南朗崖口飘色、五桂山白口莲山歌、沙溪鹤舞、黄圃麒麟舞、黄圃飘色等 5 项民间艺术形式被纳入广东省非物质文化遗产代表名录。

中山市的语言状况较为复杂，主要使用汉语方言，包括粤方言、闽方言及客家方言。其中使用粤方言的人数最多，占总人口的 84%，主要分布在北部冲积平原区和中部的石岐地区。

中山特色美食中山美食在全国乃至海外都有名，"吃在中山"是珠三角市民、港澳台同胞以及海外侨胞的共识。

肇 庆

　　肇庆，古称"端州"，广东省地级市。肇庆是珠江三角洲城市之一、粤港澳大湾区重要节点城市，"广佛肇经济圈"、珠江—西江经济带的重要组成部分。肇庆封开（古称"广信"）是广府文化的发祥地，粤语的发源地，肇庆也是中原文化与岭南文化、西方文化与中国传统文化最早的交汇处。

　　肇庆交通便捷，区位优势明显。肇庆东邻穗、深、港、澳，背靠祖国大西南，是经济发达地区通往西南各省的重要交通枢纽。肇庆市位于广东省中西部、西江的中游，东部和东南部与佛山市接壤，西南与云浮市相连，西及西北与广西梧州市和贺州市交界，北部及东北部与清远市相邻。

　　肇庆土地总面积 1.49 万平方公里，风光秀丽，旅游资源丰富。城区的七星岩，素有"岭南第一奇观"的美誉；鼎湖山是国家级自然保护区。以星湖风景区为中心，沿西江、绥江溯江而上，盘龙峡、"天下第一石"、千层峰、广宁竹海大观、燕岩等景点次第展开，构成了千里旅游走廊的绚丽画卷。

　　肇庆市两大水系分别是西江和北江，西江自西向东在三水区与北江汇合流入珠江。区内水质良好。肇庆市是南亚热带地区的物种宝库，有不少驰名于世的珍贵种类，是广东省主要林区之一。自然植被基本上属南亚热带常绿季雨林，其代表是鼎湖山和封开县的黑石顶自然保护区。

肇庆是国家历史文化名城。从汉代到清代，肇庆多次成为岭南政治、经济和文化中心。考古表明，距今14万年左右，肇庆已有人类活动；有文字记载的历史达2230多年。

截至2019年8月，肇庆市下辖3个市辖区（端州区、鼎湖区、高要区）、4个县（广宁县、怀集县、封开县、德庆县），代管1个县级市（四会市）。设91个镇、16个街道、1个民族乡、1255个行政村和296个社区。另设肇庆国家高新技术产业开发区（市政府派出机构，驻大旺区，享有地市一级的经济管理权和行政审批权）。截至2019年10月，全市户籍人口为450.15万人，中心城区常住人口约170万人。

肇庆市高等院校有肇庆学院、广东金融学院（肇庆校区）、广东理工学院、广东工商职业技术大学、肇庆医学高等专科学校、广东信息工程职业学院等。截至2016年，肇庆市共有县级及县级以上国有研究与开发机构、科技情报和文献机构16个。全市高新技术企业188家，高新技术产品产值预计约1385亿元，比上年增长6%。拥有国家级创新平台8家。已建立省级工程研究中心75家。认定的省级技术创新专业镇22个，市级镇35个。全市有法定质量计量综合检测机构和特种设备综合检验机构各 1 个，法定计量技术机构 6 个。获得资质认证的实验室 71 家，获得管理体系认证企业 750 家，产品获得 3C 认证企业 160 家。

肇庆是中国优秀旅游城市，星湖、西江小三峡、德庆盘龙峡、封开白石岩、封开千层峰、大斑石、怀集燕岩、广宁竹海、四会贞山、鼎湖砚洲岛各具特色，星湖（含七星岩、鼎湖山两大景区）最负盛名。唐以来的七星岩摩崖石刻被誉为"千年诗廊"，与宋城墙、梅庵、德庆学宫、悦城龙母祖庙同为国家重点文物保护单位。

肇庆交通便捷，区位优势明显。肇庆东邻穗、深、港、澳等经济发达地区，背靠祖国大西南，是经济发达地区通往西南各省的重要交通枢纽。国道 321 线、324 线，三茂铁路（广州至湛江）贯穿全境；西江"黄金水道"通江达海，初步形成了陆路、水路、铁路协调互补、快捷高效的综合交通运输网络体系。

肇庆物华天宝，自然资源丰富。不仅拥有丰富的土地、农林资源和水力资源，而且拥有黄金、玉石等 50 多种矿产资源，被誉为广东的"黄金之乡""中国砚都"。

江 门

江门，别称"五邑"，广东省地级市，是粤港澳大湾区重要节点城市，珠江三角洲西部地区的中心城市之一；位于珠江三角洲西部，濒临南海，毗邻港澳；地貌特征为北低西高，属亚热带季风气候；总面积9505平方千米，截至2016年底，江门市下辖3个区，代管4个县级市，共有61个镇、12个街道、1051个村、274个社区；2019年常住人口463.03万人。2019年8月，中国海关总署主办的《中国海关》杂志公布了2018年"中国外贸百强城市"排名，江门排名第41。

江门历史悠久，文化底蕴深厚，是广府文化的代表城市之一，是明代心学奠基者陈白沙、近代维新先驱梁启超、中国航空之父冯如故里；拥有世界文化遗产开平碉楼与村落，让大文豪巴金先生为之陶醉的小鸟天堂。江门东邻中山、珠海，西连阳江，北接广州、佛山、肇庆。祖籍江门的华人华侨和港澳台同胞人口众多，分布在全球五大洲，有"中国第一侨乡"的美誉。江门市先后与美国河滨、美莎、密尔布瑞、奥克兰和澳大利亚亚拉腊5个海外城市缔结为友好城市，发展友好交流对象城市10多个。

　　江门本地方言主要有粤方言和客家话方言两种。江门方言即四邑话，也称五邑话，是江门侨乡文化独具特色的一部分。在江门，大部分地方流行五邑话，还有一些地方流行广州话、客家话。江门市旅居世界各地的华侨华人众多，四邑话也在这些华侨华人聚居的社区流行，尤其是台山话在海外影响较大。

　　江门是世界文化遗产开平碉楼与村落所在地，著名的"中国侨都"，是粤港澳大湾区的重要节点城市，区位优势突出，开发腹地广阔。

　　江门市位于广东省中南部，珠江三角洲西部，东部与佛山市顺德区、中山市、珠海市斗门区相邻，西部与阳江市阳东区、阳春市接壤，北部与云浮市新兴县、佛山市高明区和南海区相连，南部濒临南海，毗邻港澳，是珠三角及港澳地区与粤西连接的重要交通枢纽，已开通的广珠城际把江门纳入了珠三角一小时经济圈，建设中的珠西综合交通枢纽江门站将成为省内第四大轨道交通枢纽，江门大道、江顺大桥、广珠城际江门段、深茂铁路江门段等一批重大交通基础设施项目加快建设或相继建成，区内交通网络日臻完善；江门还是粤港澳大湾区内唯一具备可大规模连片开发土地的地级市，发展空间广阔，土地承载力优势明显。

　　江门是中国优秀旅游城市，联合国世界旅游组织旅游可持续发展观测点，拥有世界文化遗产开平碉楼与村落，世界记忆遗产"侨批档案"。江门恩平是首个"中国温泉之乡"。

有广东省旅游特色镇村 11 个、省级重点文物保护单位 28 个、省级非物质文化遗产 23 项、省级森林公园 3 个。全市共有大小海岛 561 个，数量居全省第二，海岛总面积 249.971 平方千米。

┊ 惠 州 ┊

　　惠州，广东省地级市，地处粤港澳大湾区东岸，东江之滨，粤东门户，背靠罗浮山，南临大亚湾，境内东江蜿蜒100 多公里，是珠江三角洲中心城市之一。总面积 11599 平方公里，下辖惠城区、惠阳区、惠东县、博罗县和龙门县，设有仲恺高新技术产业开发区和大亚湾经济技术开发区两个国家级开发区。惠州属珠三角经济区，有 TCL、德赛、华阳等大型本土国有（控股）企业集团以及侨兴、富绅等本土民营企业集团，电子和石化是惠州的两大经济支柱。惠州是供给香港蔬菜、生猪的主要生产基地。目前，惠州形成了"2+4"的工业支柱产业格局，即数码、石化两大支柱和服装、制鞋、水泥和汽车及零部件的四个具有区域比较优势的产业。

　　2019 年末全市常住人口 488.00 万人，全市地区生产总值 4177.41 亿元，在广东省排名第五。2017 年中国地级市全面小康指数排名第 33。惠州是广东省历史名城，"中国最具幸福感城市"，中国优秀旅游城市。与深圳、香港毗邻，开放包容，崇文厚德，华侨众多，为客家侨都。惠州是东江中下游的中心城市，处在客家文化、广府文化和潮汕文化的交汇地带，各种文化相互交融、兼收并蓄，广东汉剧、渔歌、山歌、舞龙、舞狮、舞春牛，瑶族的舞火狗等各种文化活动盛行，民间文化多姿多彩。被国务院列为国家历史文化名城。

惠州在隋唐已是"粤东重镇"，至今 1400 多年，一直是东江流域政治、经济、军事、文化中心和商品集散地。在古代即有"岭南名郡""粤东门户"之称，简称鹅城。

惠州还是客家人的重要聚居地和集散地之一，四东文化是惠州独具特色的文化亮点，指：东江、东坡、东征、东纵。旅居海外华人华侨、港澳台同胞居客家四州之首，被称为客家侨都。惠州是广东三大族群客家人、潮汕人、广府人融合得最为成功的地方，也是客家人从陆地文明走向海洋文明的重要通道之一。客家人是惠州人中人数最多的群体，客家文化是惠州文化中不可或缺的重要组成部分，海外许多客家华侨的祖籍地就是惠州。

惠州是中国近代抗争史的前沿阵地，曾建立华南抗日战争的主力部队——东江纵队。从唐到清末 1000 多年间，共有 430 多位中国名人客寓或临履惠州，留下了许多让世人为之骄傲的历史文化遗产。

惠州市区处于粤东地区交通枢纽地带，有惠州—深圳、惠州—河源、惠州—广州高速公路连接外市；广（州）汕

（头）公路，深（圳）汕（头）、潮（州）（东）莞、厦（门）深（圳）、广（州）河（源）高速公路及广梅汕铁路、京九铁路均穿越惠州市境，市境各县（区）均通高速公路。惠州港通达国内外。惠州港为国家一级口岸，水路距香港仅47海里。惠州海岸线长223公里，水深港湾多，具有建设年吞吐量一亿吨以上大港口和国际港口城市的条件。

惠州机场位于惠州市惠阳区平潭镇，建成于1956年，距惠州市中心约20公里，属军用二级永备机场，场站等级为乙级。2002年停航。2009年5月惠州机场实行军民合用，按4D标准进行扩建改造。惠州机场已开通长沙、沈阳、合肥、大连、青岛、宁波、三亚、丽江、运城、襄阳、河池、北京、上海、天津、杭州、武汉、温州航线。正班航线总数达36条，通航31个城市，周计划航班量达458架次。2019年完成惠州机场扩容扩建工程，T2航站楼启用；旅客吞吐量255.4万人次，增长36%。

| 香 港 |

香港（Hong Kong），简称"港"（HK），全称中华人民共和国香港特别行政区，位于中国南部、珠江口以东，西与中国澳门隔海相望，北与深圳市相邻，南临珠海市万山群岛，区域范围包括香港岛、九龙、新界和周围 262 个岛屿，陆地总面积 1106.66 平方公里，海域面积 1648.69 平方公里。截至 2019 年末，总人口约 752 万人，香港人口大部分为中国国籍。根据 2017 年统计数据，中国籍人口占香港人口比例约 91.4%。其他国籍人士主要包括菲律宾（约 19.0 万，2.6%）、印度尼西亚（约 17.0 万，2.3%）和印度（约 3.3 万，0.4%），是世界上人口密度最高的地区之一，人均寿命全球第一。

香港十八区是指中国香港分为十八个行政分区，每个行政区设一个区议会，负责讨论区内民生事务。十八个分区分别为中西区、东区、南区、湾仔区、九龙区等。

香港自古以来就是中国的领土，1842—1997 年间曾受英国殖民统治。第二次世界大战以后，香港经济和社会迅速发展，不仅跻身于"亚洲四小龙"行列，更成为全球最富裕、经济最发达和生活水准最高的地区之一。1997 年 7 月 1 日，中国政府对香港恢复行使主权，香港特别行政区成立。中央拥有对香港的全面管治权，香港保持原有的资本主义制度长期不变，并享受外交及国防以外所有事务的高度自治权，以"中国香港"的名义参加众多国际组织和国际会议。

"一国两制"、"港人治港"、高度自治是中国政府的基本国策。香港特别行政区是中华人民共和国的一个地方行政区，直辖于中央人民政府。全国人民代表大会授权香港特别行政区依照基本法的规定实行高度自治，享有行政管理权、立法权、独立的司法权和终审权。

香港是一个奉行自由市场的资本主义经济体系，其经济的重点在于政府施行的自由放任政策。美国传统基金会1995年起以及加拿大费沙尔学会1996年起发表的自由经济体系报告，一直将香港评定为全球第一位。

香港是一座高度繁荣的自由港和国际大都市，与纽约、伦敦并称为"纽伦港"，是全球第三大金融中心，重要的国际金融、贸易、航运中心和国际创新科技中心，也是全球最自由经济体和最具竞争力城市之一，在世界享有极高声誉，被 GaWC 评为世界一线城市第三位。内地是香港最大的贸易伙伴，香港是内地第六大贸易伙伴和第四大出口市场。2018 年，内地与香港货物贸易额为 3105.6 亿美元，占内地对外贸易总额的 6.7%。同时，香港也是内地最大的外资来源地。

香港是全球主要银行中心之一，截至 2019 年底，香港金融管理局认可的银行业机构共 194 家，其中，持牌银行、有限制持牌银行和接受存款公司分别有 164 家、17 家和 13 家。银行体系认可机构资产总额 24.5 万亿港元，存款总额 6580 亿人民币，贷款及垫款总额 1537 亿人民币。香港股市在全球具有较大影响力，截至 2019 年底，在香港交易所挂牌（主板和创业板）的上市公司达 2499 家，股票总市值达 38.2 万亿港元，排名全球第五和亚洲第三。2019 年股票市场总集资额达 4520 亿港元，其中 IPO 集资额 3129 亿港元，排名全球首位。而且，香港是全球规模最大的离岸人民币业务枢纽、融资及资产管理中心。

香港城市以现代建筑为主，大量摩天大楼分布维多利亚港两岸，高度逾 90 米的建筑超过 3000 座。全球最高 100 栋住宅大楼中，最少一半位于香港。香港摩天大楼数目居世界首位。香港的建筑中包括有由美籍华裔建筑师贝聿铭设计的中银大厦，以及由建筑师诺曼·福斯特设计的汇丰银行总行大厦，香港国际机场的建筑设计也出自其手笔。

香港是中西方文化交融之地，把华人智慧与西方社会制度的优势合二为一，以廉洁的政府、良好的治安、自由的经济体系及完善的法治闻名于世，有"东方之珠""美食天堂"

和"购物天堂"等美誉。

粤曲是香港早年普及的大众娱乐，20世纪30年代是粤曲的黄金时代，也是香港市民最普遍的娱乐，这时期香港的流行文化与广州一衣带水，并未形成独特的香港文化。20世纪50年代之后，香港汲取上海普及文化，加上欧美多年影响，自20世纪70年代起，许冠杰创造的香港口语演绎法带动的中文歌潮流，对"粤语流行曲"的推行和发展起到了决定性作用。

20世纪80年代不仅是香港粤语流行曲百花齐放的日子，也是香港乐坛的全盛时期。当时香港的流行曲引领亚洲中文歌曲潮流，大陆部分地方和台湾地区的居民虽然不懂粤语，也爱听粤语流行曲。20世纪80年代是香港电影的全盛时期，高峰期港产片年产达三百部，超越当时电影产量全球第一的印度。

香港是个安全的城市，与很多国际大城市相比，整体罪案率维持在低水平。2018年香港的整体罪案数54225宗，是自1974年以来的新低。香港的枪械管制十分严格，任何人想拥有枪械都极困难。市区和郊区都有警察巡逻，所以无论昼夜，香港的治安都是良好的。

香港联外交通：港珠澳大桥跨越伶仃洋，东接香港特别行政区，西接广东省珠海市和澳门特别行政区，是在"一国两制"框架下，粤港澳三地首次合作建设的超大型跨海交通工程，2009 年 12 月正式开工，2018 年 10 月 24 日正式通车运营。

铁路：红磡站：京九铁路；西九龙站：广深港高速铁路。

香港是亚洲重要的海上运输枢纽，每周提供约 340 班货柜船服务到全球约 470 个目的地，2019 年集装箱吞吐量为 1836.4 万标准箱，位居全球货柜港第七位。九龙及香港岛之间的维多利亚港，则因港阔水深、四面抱拥，有利于船只航行，成为世界三大天然良港之一。深圳河是香港和中国内地之间的边界线，使香港和中国内地之间出现了陆地交接点。

香港国际机场是世界最繁忙的货运枢纽，也是全球十大最繁忙的客运机场之一，每日提供超过 1100 班航班，前往全球约 240 个航点，包括约 50 个内地城市。2019 年香港机场航空货运量 480 万吨，位居全球第一位；航空客运量 7150 万人次。

香港通行"两文三语"（即中文、英文，普通话、粤语和英语），中英文同属香港的法定语文。

澳 门

澳门（葡语 Macau、英语 Macao），简称"澳"，全称中华人民共和国澳门特别行政区，位于中国南部，地处珠江三角洲西岸。北与广东省珠海市拱北相接，西与珠海市的湾仔和横琴相望，东与香港、深圳隔海相望。相距 60 公里，南临中国南海。由澳门半岛和冰仔、路环二岛组成，陆地面积 32.8 平方公里，总人口 67.96 万人（截至 2019 年第四季）。澳门以前是个小渔村，它的本名为濠镜或濠镜澳，因为当时泊口可称为"澳"，所以称"澳门"。澳门及其附近盛产蚝（即牡蛎），因此后人把这个名称改为较文雅的"濠镜"。澳门特别行政区以"堂区"为行政区划单位，澳门有七个堂区和一个无堂区划分区域。但"堂区"并非正式的行政机构建置，不具法律地位。澳门特别行政区政府驻澳门半岛风顺堂区。

1553 年，葡萄牙人取得澳门的居住权，1887 年 12 月 1 日，葡萄牙正式通过外交文书的手续占领澳门。1999 年 12 月 20 日中国政府恢复对澳门行使主权。经过 100 多年东西方文化的碰撞，澳门成为一个风貌独特的城市，留下了大量的历史文化遗迹。澳门历史城区于 2005 年 7 月 15 日正式成为联合国世界文化遗产。

澳门是国际自由港和世界旅游休闲中心，是世界人口密度最高的地区之一，也是世界四大赌城之一，实行资本主义制度。其著名的轻工业、旅游业、酒店业和娱乐场使澳门长盛不衰，成为全球发达、富裕的地区之一。2017年，澳门地区生产总值达4042.0亿澳门元。它是中国人均GDP最高的城市。主要以第二产业和第三产业为主。澳门经济规模不大，但外向度高，是中国两个国际贸易自由港之一，货物、资金、外汇、人员进出自由，亦是区内税率最低的地区之一，具有单独关税区地位，与国际经济联系密切，更与欧盟及葡语国家有着传统和特殊的关系。

自1999年12月20日起，澳门成为中华人民共和国的特别行政区，澳门特区的宪制文件《中华人民共和国澳门特别行政区基本法》也同时开始实施。澳门特区的制度和政策，以及有关政策，均以基本法的规定为依据。根据基本法，除防务和外交事务外，澳门特区实行高度自治，享有行政管理权、立法权、独立的司法权和终审权。澳门特区的行政机关和立法机关由澳门永久性居民组成。

澳门制造业以纺织制衣业为主，且以劳动密集和外向型为模式发展，大部分产品销往美国及欧洲。

澳门的博彩业在其经济中产生举足轻重的影响，与蒙特卡洛、拉斯维加斯并称世界三大赌城，1847年澳门已有赌博合法化的法令。赌业专营，由政府开设。1961 年 2 月，葡萄牙海外省颁布法令，准许澳门将博彩作为一种"特殊的娱乐"。

澳门为国内仅有的合法赌博之地，在国家"十二五"规划中，正式写入要将澳门建设成世界旅游休闲中心。澳门获准合法经营的博彩类别主要有：幸运博彩、互动博彩、互相博彩及彩票等。

后　记

　　粤港澳大湾区建设有其必要而深刻的战略背景。从国际形势来看，随着日益走近世界舞台的中央，中国遇到了越来越多的风险和挑战。加之国际金融危机自身演化的逻辑还没有结束，背后深层次的矛盾还没有得到根本解决，产生的后劲影响还在持续显现。中国需要寻求新的战略纵深空间推进更深层次的改革和更高水平的对外开放，这就对粤港澳大湾区提供了打造充满活力的世界级城市群、具有全球影响力的国际科技创新中心、"一带一路"建设的重要支撑的战略定位。从国内环境来看，过去利用土地、劳动力等低成本的要素优势正在逐步弱化，产业结构不合理、城乡区域之间发展不平衡、创新能力不强等结构性矛盾制约经济持续发展的后劲，加之能源资源瓶颈制约、生态环境等问题，加剧了未来社会发展的不稳定性和不确定性。这也决定了粤港澳大湾区要打造内地与港澳深度合作示范区、宜居宜业宜游的优质生活圈的战略定位。

2019 年 2 月 18 日，备受瞩目的《粤港澳大湾区发展规划纲要》重磅发布，这是习近平总书记亲自谋划、亲自部署、亲自推动的重大国家战略，是粤港澳三地协同发展的最大优势、最大舞台和重大机遇。2 月 19 日，广东召开全省大会，强调要举全省之力推进粤港澳大湾区的建设。7 月，广东省委、省政府印发的《中共广东省委　广东省人民政府关于贯彻落实〈粤港澳大湾区发展规划纲要〉的实施意见》，主要着眼于长远发展，对标大湾区到 2035 年的建设目标，对未来十多年广东省要重点推进落实的大事、要事进行谋划，突出战略性和协调性。

粤港澳大湾区作为我国开放程度最高、经济活力最强的区域之一，在一个国家、两种制度、三个关税区、四个核心城市的格局下，打造"9+2"城市群，东西两岸，比翼齐飞。这是中国的智慧、大国的自信！

本书在广东卫视高端访谈节目《你好！大湾区》的基础上，聚焦发展规划，对粤港澳大湾区发展中的重点问题进行深入剖析、讲解，精练出一批社会各界普遍关心的问题，采用一问一答的方式，阐明了粤港澳大湾区发展的时代背景、重大意义、总体要求、空间布局和具体举措等。问题设置与解答环环相扣，层层递进，希望对更多的人认识、思考、参与粤港澳大湾区建设有所裨益。书中观点若有不周之处，敬请读者批评指正。

编　者

2021 年 2 月

责任编辑：余　平
装帧设计：王欢欢
责任校对：张红霞

图书在版编目（CIP）数据

你好！大湾区：粤港澳大湾区高质量发展问答／郑新立　主编 . —— 北京：
　人民出版社，2021.8
ISBN 978 - 7 - 01 - 023177 - 8

I.①你…　II.①郑…　III.①城市群 - 区域经济发展 - 广东、香港、澳门 -
　问题解答　IV.① F299.276.5-44

中国版本图书馆 CIP 数据核字（2021）第 030630 号

你好！大湾区
NI HAO DA WAN QU
——粤港澳大湾区高质量发展问答

郑新立　主编

人民出版社 出版发行
（100706　北京市东城区隆福寺街 99 号）

北京汇林印务有限公司印刷　新华书店经销

2021 年 8 月第 1 版　2021 年 8 月北京第 1 次印刷
开本：710 毫米 ×1000 毫米 1/16　印张：16.5
字数：143 千字

ISBN 978 - 7 - 01 - 023177 - 8　定价：58.00 元

邮购地址 100706　北京市东城区隆福寺街 99 号
人民东方图书销售中心　电话（010）65250042　65289539